Philip Amangoua Atcha
Mosé Chimoun

La mort: symbolisme et pratiques dans la création littéraire africaine

Philip Amangoua Atcha
Mosé Chimoun

La mort: symbolisme et pratiques dans la création littéraire africaine

Éditions universitaires européennes

Impressum / Mentions légales
Bibliografische Information der Deutschen Nationalbibliothek: Die Deutsche Nationalbibliothek verzeichnet diese Publikation in der Deutschen Nationalbibliografie; detaillierte bibliografische Daten sind im Internet über http://dnb.d-nb.de abrufbar.
Alle in diesem Buch genannten Marken und Produktnamen unterliegen warenzeichen-, marken- oder patentrechtlichem Schutz bzw. sind Warenzeichen oder eingetragene Warenzeichen der jeweiligen Inhaber. Die Wiedergabe von Marken, Produktnamen, Gebrauchsnamen, Handelsnamen, Warenbezeichnungen u.s.w. in diesem Werk berechtigt auch ohne besondere Kennzeichnung nicht zu der Annahme, dass solche Namen im Sinne der Warenzeichen- und Markenschutzgesetzgebung als frei zu betrachten wären und daher von jedermann benutzt werden dürften.

Information bibliographique publiée par la Deutsche Nationalbibliothek: La Deutsche Nationalbibliothek inscrit cette publication à la Deutsche Nationalbibliografie; des données bibliographiques détaillées sont disponibles sur internet à l'adresse http://dnb.d-nb.de.
Toutes marques et noms de produits mentionnés dans ce livre demeurent sous la protection des marques, des marques déposées et des brevets, et sont des marques ou des marques déposées de leurs détenteurs respectifs. L'utilisation des marques, noms de produits, noms communs, noms commerciaux, descriptions de produits, etc, même sans qu'ils soient mentionnés de façon particulière dans ce livre ne signifie en aucune façon que ces noms peuvent être utilisés sans restriction à l'égard de la législation pour la protection des marques et des marques déposées et pourraient donc être utilisés par quiconque.

Coverbild / Photo de couverture: www.ingimage.com

Verlag / Editeur:
Éditions universitaires européennes
ist ein Imprint der / est une marque déposée de
OmniScriptum GmbH & Co. KG
Heinrich-Böcking-Str. 6-8, 66121 Saarbrücken, Deutschland / Allemagne
Email: info@editions-ue.com

Herstellung: siehe letzte Seite /
Impression: voir la dernière page
ISBN: 978-3-8417-4857-7

Copyright / Droit d'auteur © 2015 OmniScriptum GmbH & Co. KG
Alle Rechte vorbehalten. / Tous droits réservés. Saarbrücken 2015

**La mort : symbolisme et pratiques
dans la création littéraire africaine**

Sous la direction de
Philip Amangoua ATCHA et Mosé CHIMOUN

La mort : symbolisme et pratique dans la création littéraire africaine

Actes du colloque international en hommage au Prof Mwamba Cabakulu

Comité scientifique du colloque

Philip Amangoua ATCHA (Côte d'Ivoire)
Mosé CHIMOUN (Sénégal)
Begong Bodoli BETINA (Sénagal)
Auguste Owono KOUMA (Cameroun)
Odette MODJOU (Cameroun)
Maweja MBAYA (Sénégal)
Alain SISSAO (Burkina Fasso)
François GUIYOBA (Cameroun)
Denis DOUYON (Mali)
Joseph NGANGOP (Cameroun)
Sanou SALAKA (Burkina Faso).

La mort un motif littéraire

Le thème de la *mort a* été récurent dans la littérature et ce depuis l'antiquité jusqu'à nos jours. La littérature qui est le domaine privilégié de l'expression de la condition humaine, a toujours réservé une place importante à la mort dans le traitement du drame de l'humanité. Au XVIème français, le thème de la mort est très présent dans la production des œuvres de grande envergure : Agrippa d'Aubigné par exemple est devenu célèbre avec *Les Tragiques* dont le thème principal est la guerre civile et ses horreurs. En tant que partisans des protestants, il a été actif sur les théâtres des opérations des massacres. Le livre V *Les Fers* est consacré aux combats et aux tueries qui en ont suivi. Au XVIIème siècle, le cycle de la violence est fini. Mais la tragédie fait une illustration parfaite de la mort comme issue inéluctable d'un conflit, quoique la règle de bienséance interdise la représentation de la violence qui conduit à la mort devant le public. Bossuet, dans ses fonctions d'évêque, est confronté à la mort dans ses prédications. Ses oraisons funèbres d'Henriette d'Angleterre ont été considérées comme un des chefs-d'œuvre du lyrisme en prose ; Chateaubriand renchérit en ces termes: « Les cœurs retentissent encore, après plus d'un siècle, du fameux cri : Madame se meurt ! Madame est morte ! ». Au XIXème siècle, Vigny s'intéresse au thème de la mort après le décès de sa mère ; à la suite de ce drame humain, il compose *La mort du loup*, poème resté très célèbre. Il en est de même de Lamartine qui, en l'absence de son amante Julie Charles qui devait mourir des suites d'un mal à la poitrine à Paris, compose le poème *Le Lac*. Déjà en 1816, Lamartine avait le projet d'un recueil de mélodieuses *élégies* où il évoquait une morte inconnue qu'il appelait Elvire. La célébration de la mort est donc positivée par le fait qu'elle devient une source d'inspiration. Au XXème siècle, le thème de la mort domine la production littéraire. L'absurdité de la vie est manifeste ; Albert Camus par exemple s'illustre avec son roman *La Peste* dans lequel il démontre la souffrance de l'être humain devant la mort dans un dialogue entre Rieux et Tarrou à propos de la science et de la foi. Dans *L'Etranger*, c'est l'attitude à adopter devant la mort d'un être cher qui pose problème. Paul Claudel dans les *Cinq Grandes Odes* s'intéresse également à la mort.

Dans la littérature africaine qui émerge vers la seconde moitié du XXème siècle, la mort reste l'unique issue lorsque l'être humaine se trouve dans l'impasse : c'est le cas de Samba Diallo dans *L'aventure ambigüe* de Cheikh Hamidou Kane. Les violences politiques ont aussi introduit de nouvelles notions tel que le génocide. Dans le cadre d'un travail de mémoire, les romanciers ont littérarisé le drame rwandais afin de conscientiser l'être humain devant les horreurs de la lutte pour la conquête du pouvoir. La mort participe alors à la formation éthique de la société de sorte qu'ensemble, les peuples diront : plus jamais ça ! Dans la littérature militante à l'époque de l'apartheid en Afrique du Sud, la mort du raciste blanc est plutôt célébrée comme une victoire contre l'injustice ; tandis que du côté des racistes, l'assassinat d'un militant noir est une action visant à protéger la communauté blanche de la souillure noire.

Lorsqu'on voit que la mort réduit l'être humain à l'impuissance, au néant, quel que soit son rang social et quelle que soit sa race comme le souligne avec force détail Bossuet dans ses oraisons funèbres, on se demande si la vie vaut la peine d'être vécue. Cette manière de percevoir la mort est propre à la littérature masculine.

Avec l'émergence de la littérature féministe à la seconde moitié du XXème siècle, la mort trouve un écho contraire à ce qui a été développé jusque-là : c'est la guerre contre le patriarcat qui est engagée. Que ce soit en Europe, aux USA ou en Afrique, l'homme devient un ennemi commun à abattre dans la production littéraire féministe, car il est la source de toutes les misères que subissent les femmes. Les romancières féministes s'imaginent que le monde serait un paradis s'il n'y avait pas cette créature du sexe masculin.

Témoignage et hommage à Mwanba Cabakulu

Cette section de l'ouvrage est, à la fois, un vibrant hommage et un témoignage poignant rendu par Mosé Chimoun à un frère, un ami et un compagnon de travail. En effet, Mohamed Mwamba Cabakulu s'en est allé au moment où Saint-Louis devient une ville saine et que l'université Gaston Berger prend son envol. Certes, il s'en est allé, mais non à la manière d'un ver de terre ; mais plutôt à la manière d'un mille-patte qui disparaît en laissant des traces : sa riche production scientifique, un colloque en son honneur et le présent ouvrage qu'il laisse à ses disciples et à la communauté scientifique.

Ainsi, ceux qui écriront demain l'histoire de la littérature africaine retiendront certainement que le critique Mwamba Cabakulu est tombé, pour ainsi dire, les armes à la main, sur le champ de bataille, en vaillant combattant. « En mourant ainsi [il est mort avec la certitude qu'il n'est pas mort] »[1]. *A Mwamba Cabakulu donc on peut adresser et appliquer ces paroles de la petite voix dans* Le jeune homme de sable *: « On ne parlera pas de toi, mais toi, tu donneras tout le temps aux autres le courage d'agir contre le mal, tout le temps tu parleras aux autres: c'est ça l'immortalité » (p.184-185).*

Philip Amangoua ATCHA

---
[1] Koffi Kwahulé. *Monsieur Ki*. Paris : Gallimard, 2010, p.103.

Feu Professeur Cabakulu
Monsieur le Recteur,
Messieurs les Directeurs d'UFR,
Messieurs les chefs de Service Administratif,
Messieurs les autorités judiciaires de Saint-Louis,
Monsieur le Colonel de la Zone nord,
Chers étudiants, chères étudiantes,
Mesdames, Messieurs les Membres du Pats,
Chères/chers Collègues !

L'homme

Mwamba Cabakulu est né à Kabue (Zaïre-RDC) en 1945. Il a fait ses études supérieures de philologie romane et de linguistique africaine dans les universités du Zaïre, de Nice, de la Sorbonne –Nouvelle et de Paris XII.

Il a été agrégé de l'enseignement secondaire et docteur d'Etat ès Lettres et Sciences Humaines à l'université de Paris XII. Il a été professeur de littérature africaine et comparée à l'université Gaston Berger de Saint-Louis du Sénégal de 1990 à 2011. Il avait pris sa retraite quelques mois avant sa disparition ; mais comme il ne pouvait pas laisser ses 32 doctorants orphelins, il a été obligé de garder son bureau et de continuer son travail d'encadrement. Hélas Dieu ne l'a pas voulu ainsi ; c'est ainsi qu'il le rappelait à lui le 17 mai 2011 dans un hôpital à Paris. Que son âme repose en paix.

Prof Cabakulu avait fait de Saint-Louis pas sa ville adoptive, mais sa ville natale ; le quartier Sanar Peulh était son fief. Par la force divine, il a pris le nom du prophète et devint un musulman très pieux. Il avait donc tout donné et tout pris à Saint-Louis. La famille Yade à Sor n'était pas seulement sa belle-famille, mais sa famille tout court. Il laisse derrière lui une maman de quatre enfants. Que Dieu les bénisse !

Production littéraire

Le chef d'œuvre du Pr Cabakulu a été le *Dictionnaire des proverbes africains* qui a été traduit en espagnol sans son avis. De son vivant, nous cogitions la stratégie à entreprendre pour que cet acte de piraterie soit reconnu et sanctionné. Hélas, le collègue est parti très tôt ; je ne saurais supporter toute ma vie durant cette injustice lorsque je sais que ses héritiers pouvaient bien profiter des fruits de son travail. Il a publié chez Xamal à Saint-Louis deux ouvrages : l'un sur l'œuvre de Sony Labou Tansi, l'autre sur la forme épistolaire et la pratique littéraire en Afrique francophone. A Dakar chez les Editions du Livre Universel, il a publié un ouvrage sur la technique de la recherche d'emploi. Vous comprenez qu'il ne se souciait pas seulement de l'encadrement et de la distribution des diplômes, il avait à cœur le destin de ses étudiants après l'université. Il a publié une pièce de théâtre intitulée *Scènes de ménage* ; j'en avais fait une note de lecture dans *Langues et Littératures*, revue du *Groupe d'Etudes Linguistiques et Littéraires* dont il a été pendant toute sa vie universitaire le Rédacteur en chef. C'est le lieu de rappeler aussi que la dénomination *Langues et Littératures* pour la revue vient du fait que lorsqu'on mettait sur pied cette formation de recherche, il n'y avait que Pr Cabakulu et Pr Mbaya qui avaient les grades requis pour la direction d'un organe de recherche. Le premier étant littérateur et le second linguiste, il fallait trouver le juste milieu et c'est ainsi qu'on est arrivé à *Langues et Littératures*. Le premier numéro paraît en 1997. Pr. Cabakulu été l'auteur de 25 articles scientifiques publiés dans des revues à travers le monde.

Collaboration scientifique

Lorsque le 25 septembre 1991 je débarquais à l'Université Gaston Berger (appelée à l'époque Université de Saint-Louis) venant de l'Allemagne où j'avais passé un long séjour pour ma formation universitaire, Prof Cabakulu était à sa deuxième année puisqu'il était l'un des premiers enseignants non sénégalais à fouler le sol de ce pays. Je ne savais pas écrire scientifiquement en français. C'est lui qui m'a appris à rédiger mes textes dans un style approprié à la langue française. Pour ceux qui connaissent la langue allemande, il y a des phrases de 4 à 5 lignes, voire des paragraphes d'une phrase; ce qui n'est pas possible en français. La ponctuation me posait de très grands problèmes ; c'est toujours lui qui m'a initié à la ponctuation française. Comment pourrais-je oublier tout cela ?

Très vite, nous sommes devenus inséparables : c'est ainsi que pendant une grève de 50 jours initiée par les étudiants en 1992, nous nous sommes enfermés pour produire un travail sur la méthodologie, c'est-à-dire la technique de recherche et de rédaction d'un travail scientifique. Il n'a pas rejeté mon expérience allemande qui reflète la technique anglo-saxonne de rédaction des travaux scientifiques ; au contraire, nous avons produit un ouvrage de 87 pages dans lequel lui et moi avons exposé la présentation des travaux selon les techniques anglo-saxonne et romane. Cet ouvrage contrastif de méthodologie intitulé *Initiation à la recherche et au travail scientifique* a été édité pour la première fois par feu Boubacar Diop aux Editions Xamal de Saint-Louis du Sénégal. Ce fut le premier travail d'impression du feu Diop. C'est cette collaboration qui l'a fait découvrir à Saint-Louis comme éditeur. Jusque-là il ne produisait que les cartes de visite et le programme mensuel de l'ex-Centre Culturel Français. Personne n'avait confiance en lui en ce qui concernait le travail réel d'édition. Cet ouvrage avait été sponsorisé par Mr Ndiaye, le promoteur actuel de Delta 2000. Cet ouvrage a été déjà édité 3 fois ; actuellement, nous cherchons un sponsor pour la 4ème édition. Les étudiants en littératures romanes tout comme ceux des littératures anglo-saxonnes y trouvent leur compte. L'ouvrage est recherché au Benin, au Cameroun, en Côte d'Ivoire, au Burkina Faso et bien sûr au Sénégal, les pays où nous avions eu à expédier des exemplaires.

Prof. Cabakulu a été en mission dans beaucoup d'universités africaines, européennes et américaines et même en Israël au Moyen Orient. A l'université Gaston Berger de Saint-Louis, quelle UFR n'a pas bénéficié de ses prestations de son vivant?

Notre collaboration est arrivée au niveau continental avec la création d'une bibliothèque en ligne sponsorisée par l'AUF : toutes les meilleures thèses de doctorat ainsi que les meilleurs mémoires de Maîtrise des universités d'Afrique noire francophone et de Madagascar devaient être mis en ligne. Pendant quatre ans, nous avons sillonné les universités francophones pour la collecte des meilleures thèses. A la suite de cela, des séminaires et colloques ont été organisés au Burkina Faso, au Congo Démocratique, à Saint-Louis et à Madagascar afin de sensibiliser les chercheurs africains dans le domaine littéraire sur l'importance de la contribution de la littérature au redressement moral et économique de nos sociétés. Un réseau de littérature critique dont il était le coordonnateur et moi le Secrétaire Général fut mis sur pied. Aujourd'hui, ce réseau ne fonctionne plus faute de financement ; la crise étant passée par là aussi.

La vulgarisation et la promotion de la recherche

Au niveau national et international, lui et moi étions à l'origine de la création, d'abord de la revue *Langues et Littératures* dont le premier numéro vit le jour en février 1997 ; trois ans plus tard, nous mettions sur pied le *Groupe d'Etudes Linguistiques et Littéraires (GELL)* dont j'ai été pendant 11 ans le Directeur et lui le Rédacteur en chef de la revue *Langues et Littératures*. Cette revue *Langues et Littératures* est pour l'instant l'unique revue scientifique des Lettres et Sciences Humaines de l'Université Gaston Berger de Saint-Louis reconnue par le Conseil Africain et Malgache pour l'Enseignement Supérieur (CAMES). En 2010, il abandonnait la revue parce que trop fatigué ; moi aussi je créais en décembre 2010 le Laboratoire de Littérature comparée dont la revue *Sophia* en est l'organe de publication des résultats de nos recherches. Le premier numéro est sous presses. Pr Cabakulu a été le premier enseignant de l'Université Gaston Berger à s'inscrire à notre Labo. Il n'a pas pu assister à nos réunions, il était assez affaibli ; quand je lui rendais visite, il me disait toujours : « Jeune frère, ne lâche pas ; les difficultés seront énormes mais il faudra tenir bon ». Ce fut une prophétie car je ne savais pas qu'il avait sous sa direction 32 doctorants et dont près de la moitié a été acceptée au labo de littérature comparée sous ma direction. Ce Laboratoire de Littérature comparée prend aujourd'hui sur lui la responsabilité d'organiser ce colloque international pour commémorer l'anniversaire de son décès. Par cet acte qui ne rentre que dans l'ordre normal des choses pour un Laboratoire, nous allons l'immortaliser. Vous savez que Molière, Goethe, Schiller, Hugo, Lamartine, Senghor, Birago Diop, Mongo Béti, Sémbène Ousmane, Abdoulaye Sadji et j'en passe sont des morts plus vivants parmi nous que nous les vivants parce qu'ils ont laissé derrière eux des œuvres intellectuelles, des œuvres d'art. L'art étant un antidestin, il y a lieu de dire que les actes de ce colloque qui seront publiés immortaliseront notre illustre collègue. Tous ceux et toutes celles qui ont une pensée pieuse pour feu Pr. Cabakulu se sont joints à nous pour que cette rencontre soit une parfaite réussite. Nous ne saurons les remercier, car Dieu seul leur rendra au centuple. Vous êtes conviés à regarder le tableau qui trace un peu notre vie commune à l'entrée de l'amphithéâtre. Que la Grâce de Dieu nous accompagne pour le reste de notre séjour sur cette terre. Amen !

Saint-Louis, le 11 juillet 2012

Professeur Mosé CHIMOUN
Directeur du Laboratoire de Littérature Comparée

Hommage à Mohamed Mwamba CABAKULU

Tu t'en vas !
Mohamed Mwamba Cabakulu, tu t'en vas !
Au moment où Saint-Louis devient une ville saine, tu t'en vas,
Au moment où ton quartier Vauvert est illuminé, tu t'en vas,
Au moment où Sanar devient un quartier des immeubles, tu t'en vas,
Au moment où l'UFR accueille ton premier produit, tu t'en vas,
Au moment où l'université prend son envol, tu t'en vas,
Au moment où tes quatre ravissants petits t'entourent d'affection, tu t'en vas,
Au moment où sous d'autres cieux la nature renaît, tu y arrives pour dire adieux,
Au moment où tu rayonnes de sagesse, tu choisis de partir,
Au moment où le festival de Jazz nous interpelle, tu t'en vas,
Au moment où un boulevard nous conduit à l'université, tu t'en vas,
Au moment où le parc automobile de l'université est renouvelé des 4x4, tu t'en vas,
Au moment où le sable entre les bâtiments fait place à la verdure, tu t'en vas,
Au moment où toutes les fonctions à l'université sont revalorisées, tu t'en vas !
Tu as choisi le destin de Patrice Lumumba, de Cabral, de Moumié Félix, d'Um Nyobé,
Ceux-là qui ont mené de grands combats pour la postérité.
Tu ne t'en es pas allé comme un ver de terre ;
Tu es comme les mille-pattes, qui disparaissent en laissant des traces,
Tu restes sont présents partout : en Afrique, au Moyen Orient, En Amérique du Nord, en Europe, Présents dans les bibliothèques, présents en images sonores.
Tes dérivés sont présents aussi bien parmi nous qu'ailleurs.
La sainte trinité t'accompagnera puis que le chiffre trois est celui que le destin a choisi pour toi: le prophète, les ancêtres et la nature: **Mohamed, Mwamba, Mai 2011.**

Professeur Mosé CHIMOUN
Directeur du Labo de littérature Comparée

L'écriture de la mort

Les huit articles de cette partie sont une réflexion sur la thématique de la mort. A partir du mythe de l'immortalité et d'une lecture transversale chez les bantous, les orientaux et les asiatiques, Odette Djuidje constate que leur conception de la vie et de la mort est la même. Pour eux, la mort ne débouche pas sur le Néant, mais sur une renaissance.

C'est pourquoi pour Fotio Jousse, au-delà de l'épanchement, il ne sert à rien de s'empoisonner l'existence par la peur de la mort, dans la mesure où elle finit toujours par avoir raison de tout le monde.

La mort-renaissance, instant de vérité (Boubacar Barry), a permis de juguler la haine interraciale et de bâtir, dans les caraïbes comme en Afrique australe, une politique et une culture d'harmonie, de pardon et diversalité. Par contre, dans les épopées (Alain Sissao) babylonienne et africaine, le parcours des héros est ponctué par la mort : ils la subissent et en font recours pour se réaliser et vaincre l'ennemi.

L'étude de la mort chez les Betis (Owono-Kouma) est une interpellation des africains qui ne savent plus ce que mourir veut dire dans nos traditions. Réalité à la fois inévitable et inacceptable, la mort est le passage obligé de tous les vivants. Pour Amangoua Atcha, en tant que motif littéraire, la mort est inscrite au cœur de la littérature avec laquelle elle entretient des « relations étroites, presque consubstantielles ». Mais quel sens donné à la mort ?

Pour Alice Delphine Tang, la peinture de la mort dans le roman féminin prend la forme d'une révolte. L'écriture de la mort est une célébration de la vie malgré la douleur. La mort, en définitive, est une victoire, car, écrit Joseph Ngangop, « la positivisation de la faucheuse par les écrivains se veut une interpellation de l'homme à se libérer des angoisses et des traumatismes qu'elle génère pour postuler à l'immortalité ».

Philip Amangoua ATCHA

Le mythe de l'immortalité : principe d'invariance chez le Bantou de l'Ouest-Cameroun, chez les Orientaux et les Asiatiques

Odette DJUIDJE
*Ecole Normale Supérieure
de Yaoundé (Cameroun)*

Roger Caillois définit les mythes comme « des puissances d'investissement de la sensibilité ». S'il y a un aspect de la vie où la puissance d'investissement de la sensibilité s'est énormément développée et diversifiée, c'est bien celui de la recherche de l'immortalité. L'une des préoccupations les plus profondes de l'Homme est le désir de la plénitude. Nous voudrions tous être des dieux. L'Homme se rend compte que sa vie n'est qu'une suite de désirs frustrés et l'expérience d'amour et de joie furtifs qu'il a déjà connue lui fait aspirer à un bonheur définitif et sans mélange, à une vie sans mort. Toute vie humaine, dans l'espace et dans le temps, s'organise autour de cet unique désir : l'immortalité.

Il s'agit pour nous dans cette communication, de réfléchir d'abord sur certaines constantes que l'on peut considérer comme identiques dans le mythe de l'immortalité chez les Bantous de l'Ouest-Cameroun et chez les peuples orientaux et asiatiques et ensuite de voir dans quelle mesure le rapprochement des différentes cultures par la confrontation de ce qui est le fondement même de toute culture humaine – les mythes (Bachelard, Eliade) – peut nous aider à mieux nous comprendre les uns les autres et à accéder à la revisitation de certaines notions parmi lesquelles la littérature.

1-La conception de la vie et de la mort chez le Bantou de l'Ouest-Cameroun, chez les Orientaux et les Asiatiques

Le peuple Bantou de l'Ouest-Cameroun est foncièrement spiritualiste. Sa conception du monde s'appuie sur trois éléments fondamentaux : la vie, la solidarité et l'au-delà. Vivre pour le Bantou c'est avoir la vitalité, la force. Le principe vital pénètre tout car la vie est au centre de toutes ses préoccupations. Toutes les formules de politesse se résument d'ailleurs en des renseignements sur la vie ou en des souhaits pour une vie plus forte, c'est-à-dire surabondante. C'est pourquoi pour dire bonjour, on pose la question : *O nti ba-a ntuò*, qui veut dire : « Est-ce que tu as été fort, vigoureux, puissant dans la nuit ? ». Si c'est le soir on dira : *O yuok ba-a ntuò ?* : « As-tu été robuste, fort dans la journée ? ». Et quand on quitte une personne le soir, pour lui dire « au revoir », on lui souhaite d'être fort, vigoureux pendant la nuit : *Ti ba-a ntuò !* Le bantou considère la vie comme un principe vital, une énergie capable de gradation ascendante ou descendante.

L'autre caractéristique de la pensée bantoue est la solidarité. Dans la mentalité bantoue, Le monde des forces se tient comme une toile d'araignée dont on ne peut faire vibrer un seul fil sans ébranler toutes les mailles[2].

L'univers pour un tel homme est un tout équilibré et chacun doit travailler au maintien de cet équilibre universel afin d'avoir son propre équilibre, car rompre cet équilibre peut provoquer la colère divine, des maladies, des morts précoces par exemple. Le sentiment de la participation à l'harmonie universelle est tellement fort chez le bantou qu'on parle de l'homme-panthère, de l'homme-chimpanzé, de l'homme-serpent pour ne citer que ceux-ci. En Afrique, l'Homme est convaincu qu'en restant humain, il peut et doit même participer à l'énergie vitale d'un animal, d'un végétal ou d'un minéral. En s'agrégeant à la force vitale d'un animal, sa propre vitalité se trouve ainsi doublée voire triplée, de telle sorte que cet animal devient son double. On peut donc comprendre le fondement de la légendaire solidarité africaine, qu'on peut résumer dans cette formule de sagesse : *Mo-a nda-a mo tā ba mo* c'est-à-dire littéralement « Ce n'est qu'avec l'Homme que l'Homme est Homme ». Le bantou n'est jamais seul ; même quand il est solitaire dans le temps et dans l'espace, il vit dans un réseau de relations vitales.

Dès lors, étant toujours en communion avec les êtres visibles et invisibles, l'existence de l'au-delà est pour lui une réalité bien intelligible. Le bantou croit fermement à un monde spirituel où vivent d'illustres ancêtres dans la plénitude de la vie. Le noir est tellement spiritualiste qu'il ne sépare pas le monde visible du monde invisible dans lequel évoluent d'innombrables forces. Il relie ce monde et toutes ses expériences à Dieu appelé *Tshiepo*, aux esprits, aux forces occultes. Cette conception du monde du bantou le prédispose à la quête de la non-mort car il croit mordicus que malgré la mort physique avec tout ce que cela comporte de douleur et d'angoisse, il y a dans l'Homme ce que Monseigneur Gabriel Simo appelle « l'immortel-immatériel » que le peuple bantou de l'Ouest Cameroun appelle *Juenye*, qui veut dire « Souffle »,

---

[2] Tempels, « Philosophie bantou », par Gabriel Simo. In : *Une approche du sacrement de mariage à travers les coutumes matrimoniales des bamilékés,* inédit, p. 30.

et que nous pouvons identifier au principe de vie. C'est ce principe de vie qu'on appelle esprit manne qui assure la survie. L'Homme étant pour le bantou entièrement vie, ce quelque chose qui survit *post mortem* est la source de vie. Il est anhistorique parce qu'il relève de l'Être pur. On peut le rapprocher de l'*Atman* indien qui, parce qu'il relève de l'Être pur est immortel. Il n'est ni conditionné ni temporel. Nous ne sommes pas loin de la pensée judéo chrétienne selon laquelle l'âme survit à la déchéance physique causée par la mort. Pour le Bantou, l'Indien, le Judéo-chrétien, pour ne citer que ceux-là, la mort ne débouche pas sur le Néant. Elle est tout simplement une nécessité pour passer de ce mode de vie à un autre supérieur. Cet optimisme ne signifie pas que le Bantou, l'Indien, le Judéo-chrétien ignorent l'angoisse métaphysique. Pour eux le monde et l'expérience humaine, tributaires du temps sont illusoires, et ne participent donc pas à l'Être Absolu. Ils sont bien conscients que le monde physique, vital, psychique existe, mais seulement dans le temps, donc voué à la mort. Dès lors ils s'efforcent pour donner un sens à « l'illusion cosmique de la *Mâya* » dont parle Eliade, en se consacrant à la recherche de l'Être Absolu, seule voie de délivrance. L'*Âtman* indien, le *Jwenye* bantou, l'âme judéo chrétienne ne s'identifient pas aux multiples fluctuations de notre historicité car ils participent plutôt de l'Être pur. Sans accorder une valeur absolue à toutes ces choses qui sont en perpétuel devenir, le Bantou, l'Indien, l'Asiatique, le Juif pour ne citer que ceux-là s'y appuient pour s'adonner à la quête de l'être suprême. C'est dans ce sens qu'il faut comprendre Jésus quand il dit à ses disciples qu'ils sont dans le monde sans être du monde. Ce monde n'est pas la réalité ultime qu'il faut rechercher en dehors du temps.

2. Rapports entre les vivants et les morts chez le Bantou de l'Ouest-Cameroun, les Indiens, les Orientaux et les Asiatiques.

Une autre caractéristique de la conception de la vie et de la mort commune aux Bantous de l'Ouest-Cameroun, aux Indiens et aux Asiatiques, est la relation que les vivants entretiennent avec les défunts. Il s'agit d'une relation étroite entre les ancêtres, garants de la coutume et de la loi commune et les vivants. Les premiers sont les médiateurs entre Dieu et les hommes et les seconds doivent vénérer les premiers, les consulter avant de prendre des décisions importantes. Les sacrifices qui sont offerts aux ancêtres chez les bantous sont « le témoignage des relations que l'on entend garder avec les siens, un essai tenté pour combler l'abîme entre la vie et la mort, en maintenant la société commune, les repas communs, les entretiens communs »³.

Bien entendu, les ancêtres ne sont que des intermédiaires entre Dieu et les vivants. Ils sont comme les anges et les saints de la religion judéo-chrétienne. Les relations entre les vivants et les morts qui s'expriment par des rites ne sont pas un phénomène typiquement africain. Quand on pense aux fleurs dont les occidentaux ornent les tombes, aux rituels et aux soins avec lesquels les Indiens et les Asiatiques entourent leurs morts et leurs tombes, on peut bien affirmer avec Monseigneur Dieudonné Watio que

> *Chaque peuple élabore un ensemble de symboles dont il dispose pour exprimer le type de ses rapports avec les morts-vivants et pour affirmer combien, les uns et les autres, nous sommes engagés dans la même barque eschatologique⁴.*

Les morts, bien qu'invisibles, sont toujours vivants dans le psychisme de ceux qui sont encore en vie et dans tous les aspects de la vie. Pour le Bantou de l'Ouest-Cameroun, les morts survivent dans la mémoire des vivants et leur présence auprès de ceux-ci est très efficace et agissante. Il vaut mieux les avoir de son côté car les ancêtres sont le fondement de l'espoir de transcender les contingences qui peuvent être un obstacle à la continuité de la vie. Voici ce qu'en pense Monseigneur Dieudonné Watio :

> *Le monde des ancêtres [...] fournit à la collectivité des vivants le gage de sa pérennité. À cheval sur l'existence contingente des vivants et l'immortalité du monde des défunts, le culte dont ils sont l'objet sert de médiation dans le cadre d'un présent vécu rituellement, entre le passé traditionnel et l'avenir imprévisible⁵.*

La mémoire collective n'est pas un phénomène isolé, propre au Bantou de l'Ouest-Cameroun ou à l'Africain. Il est universellement répandu. Michel Meslin a fait une analyse très pertinente à ce sujet et il pense que

---

³ Watio Dieudonné, *Le culte des ancêtres chez les Ngyemba (Ouest-Cameroun) et ses incidences pastorales*, inédit, p. 125.
⁴ Dieudonné Watio. *Le culte des ancêtres chez les Ngyemba (Ouest-Cameroun) et ses incidences pastorales*, inédit, p. 13.
⁵ Dieudonné Watio. *Op. cit.* p.16.

> *Ce phénomène, omniprésent dans toutes les sociétés archaïques est, si l'on y réfléchit, l'un des plus étranges du comportement humain. Car il paraît dès l'abord, comme chargé d'idéologies politiques, de revendications sociales, de contestations, de maintiens des privilèges. Qu'il s'agisse de sociétés africaines, mélanésiennes, hindoue, grecque, celtique ou romaine, les griots, les brahmanes, les aèdes, les bardes, les annalistes transmettent toujours à travers leurs récits et leurs généalogies familiales une histoire de propriétés, des droits, des cultes véhiculées au milieu d'une histoire naturelle d'animaux, des plantes, des terres et des eaux...Mais partout cette mémoire sociale présente une réelle dimension religieuse dans la mesure où elle se réfère aux ancêtres plus ou moins vénérés comme les garants de l'ordre social.*
>
> *Même lorsque l'ancestrolâtrie n'est pas le fondement exclusif de toute vie religieuse, ce sont les ancêtres qui sont les plus farouches censeurs et les gardiens les plus vigilants des lois. On peut donc se demander si ce culte rendu aux ancêtres ne se réduirait pas à la sacralisation de l'éthique sociale, à la sublimation d'un ordre collectif, à la simple projection religieuse d'un ordre économique...L'être humain, enraciné dans cette tradition collective, est orienté vers le monde des ancêtres. Comme dans la pensée des sociétés africaines où l'avenir et le passé sont déterminés par rapport aux deux faces du corps humain...C'est dans la fidélité à la tradition, au mos majorum, que l'homme romain trouve la plus haute justification de son action présente[6].*

Cette analyse nous montre combien des cultures, apparemment bien différentes peuvent être fondamentalement identiques sur bien des points. Dans la Rome antique comme en Afrique actuelle, les ancêtres sont tenus pour être des gardiens qui exercent une surveillance attentive et soutenue sur les lois.

3. La quête de l'immortalité chez les Bantous de l'Ouest-Cameroun, les Indiens, les Orientaux et les Asiatiques.

Par l'affirmation de l'existence d'un monde invisible et d'un au-delà paradisiaque et par la croyance qu'il peut participer à ce monde et accéder à cet au-delà, l'Homme y tend de tout son corps, de toute son âme et de tout son esprit. Mais ceci n'est pas toujours facile. L'Homme ne s'est pas donné lui-même l'existence, et il est souvent

---
[6] Michel Meslin. In : *Le culte des ancêtres chez les Ngyemba (Ouest-Cameroun) et ses incidences pastorales*, pp. 13-14.

victime des forces incontrôlables qui entravent ses élans. Ces forces, dont l'invincible puissance lui inspire spontanément frayeur, émerveillement et adoration le dépassent infiniment. Dès lors il a l'impression qu'il existe un arrière-monde qui renferme la vraie signification des choses. Il pense qu'au-delà de l'apparence quotidienne, qu'au-delà des réalités empiriques et profanes, il existe le domaine sacré qu'il peut atteindre. Quelles que diverses que soient les civilisations dans l'espace et dans le temps, tous les peuples ont eu des croyances, des rites magico-religieux, des techniques, des activités esthétiques, car la culture s'enracine dans la nature humaine universelle.

L'homme primitif qui ne fait guère de différence entre le naturel et le surnaturel, est conscient qu'il existe des forces cachées, inconnues du profane. Son désir de dompter les forces qui règlementent la vie et la mort est très puissant. Ce désir est d'autant puissant que même son imagination ne peut supprimer ni le temps ni l'espace. Il ne peut pas évacuer ces données de son expérience. Mais le temps reste le plus cruel tyran de l'Homme. Il ne peut conjurer son irréversibilité. Le temps qui passe et abolit sans cesse ce que nous sommes est le fondement du tragique de la condition humaine. Il n'y a rien de plus réel et de plus terrible que de savoir que la mort qui nous menace à chaque instant, doit infailliblement prendre le dessus.

Cependant le Bantou de l'Ouest-Cameroun, l'Indien, l'Asiatique et le Judéo-chrétien sont convaincus qu'ils ont été créés pour l'immortalité. La Bible nous dit d'ailleurs que

> *Dieu a créé l'Homme pour une existence impérissable. Il en a fait une image de sa propre nature [...]. Celui qui ne réfléchit pas s'est imaginé qu'ils étaient morts [...] ; ceux qui nous ont quittés, on les croyait anéantis alors qu'ils sont dans la paix. [...], ils avaient déjà l'immortalité »* (Sagesse 2, 3-3,9)[7].

La Genèse, le premier livre de la Bible, affirme que Dieu a créé l'Homme pour l'immortalité car il l'avait placé dans un jardin où il y avait un arbre de vie, et l'Apocalypse qui est le dernier livre de la Bible dit que Dieu lui redonnera cette immortalité.

Par ailleurs, le Bantou, le Judéo-chrétien, l'Indien et l'Asiatique veulent se convaincre quand même qu'ils ne meurent pas, qu'ils survivent au temps. Pour le faire, ces différents peuples ont des pratiques qui se recoupent à plusieurs niveaux.

---

[7] La Bible de Jérusalem, CERF/ Verbum Bible, 1995.

D'abord la mort qui n'est qu'un changement de mode d'être, le passage du fini à l'infini est présente dans presque tous les symbolismes et les rites d'initiation de renaissance. La mort, tout comme la naissance, l'initiation est un rite de passage, de rupture du niveau ontologique.

À propos d'initiation chez le Bantou de l'Ouest-Cameroun, penchons-nous sur le phénomène de *Kamsi*, qui signifie ministre de Dieu. Comment devient-on *Kamsi* ? Le *Kamsi* authentique est spontanément élu par Dieu. Subitement, l'homme ou la femme qui jusque-là menait une vie normale, banale change radicalement. Il a un regard perdu, rêveur, il parle seul, s'adresse souvent à des gens qu'il voit seul, refuse de manger. Son comportement parfois s'apparente à la folie. Il a des visions. Quand il entre en transe, il s'évanouit, mais quand il revient à l'état normal, il fait des révélations, des prophéties. Bref il n'est plus la même personne que la société a connue car, sur le plan moral, la qualité de sa vie a changé positivement : il refuse certaines compromissions, certains dons. Sa principale préoccupation est de ramener les gens sur le droit chemin et de guérir les malades. Il meurt à la vie profane qu'il menait jusque-là et renaît à une existence supérieure à la précédente. On dit alors en bamiléké que *Si guemé*, littéralement « Dieu l'a saisi ». Cette première étape de son initiation, purement assurée par Dieu lui-même et les esprits à travers les visions, les transes, les rêves, les ascèses, d'après nos croyances, est suivie par ce que le bamiléké appelle *Gniate*. C'est le parachèvement de l'initiation. Cette étape est effectuée par un maître *Kamsi* qui prend l'initié chez lui, le promène dans tous les lieux sacrés, les autels des sacrifices du village. Il lui explique comment désormais il doit vivre, soigner et sauver ceux qui ont recours à lui. C'est à cette occasion qu'il est informé sur certaines techniques, sur le nom et les fonctions de chaque esprit, le langage secret et sacré, la généalogie et la mythologie du village.

Le *Kamsi* rappelle étrangement le prophète de l'Ancien Testament, le chaman pour ne citer que celui-ci. Il est curieux de constater que, qu'il s'agisse du *Kamsi* chez le peuple Bantou de l'Ouest-Cameroun, du chaman arctique et sibérien, du prophète de la religion judéo-chrétienne, partout on remarque au début à peu près le même comportement étrange : visions, amour de la solitude, rêveries, soliloque, pouvoirs occultes, rapports avec des êtres divins, extase et transes. Leur expérience religieuse est intense et authentique. Ils découvrent dans leur contact avec l'invisible, avec le surnaturel, une réalité inaccessible à l'homme ordinaire. Ils se placent ainsi au-dessus de la condition humaine, ayant brisé par toutes sortes d'épreuves et de souffrances les cadres profanes de la sensibilité. Pendant leur extase, ils suppriment la condition humaine et réintègrent celle de l'homme primordial. Étant mort au profane, ils renaissent au mystique. Le symbolisme de la mort et de la résurrection ainsi représenté est centré sur l'idée de la vie en perpétuel renouvellement, d'où l'immortalité.

Chez les Bantous de l'Ouest-Cameroun toutes les initiations suivent toujours le même schéma (mort – résurrection ou renaissance à un autre mode de vie). Par exemple le néophyte est coupé des siens : il se retire dans le *Laakam* pour le chef du village, dans la forêt sacrée pour les candidats à la confrérie totémique appelée *Pii*, dans un cours d'eau pour les rites de purification dénommés *Sock Nsoa*, dans la case initiatique pour l'initiation de la puberté chez la jeune fille, pour ne citer que ces pratiques. Cette séparation symbolise déjà la mort. Dans l'un ou l'autre cas, c'est dans cette retraite, symbole de l'au-delà, des Enfers que les initiés subissent une partie de leurs épreuves. C'est là qu'ils acquièrent des connaissances sur les traditions secrètes du clan. C'est pendant cette retraite qu'ils meurent à leur vie profane ou à leur enfance pour renaître à une vie régénérée. Bref le symbolisme de la mort est le fondement de toute régénération spirituelle.

> *La mort arrive [comme le pense Eliade] à être considérée comme la suprême initiation, c'est-à-dire comme le commencement d'une nouvelle existence spirituelle*[8].

La mort devient la voie royale pour abolir la durée temporelle, supprimer l'œuvre du temps et réintégrer la situation primordiale. Elle signifie ainsi le dépassement de la condition de l'Homme ignorant de l'esprit et l'accès aux vraies dimensions de l'existence caractérisées par le mystère et le sacré. Bref, chez les peuples aussi variés que les Africains, les Orientaux et les Asiatiques, le schéma initiatique est le même : mise à mort rituelle à travers tortures, souffrances, épreuves, puis résurrection symbolique. Qu'il s'agisse des rites de puberté, des initiations dans des sociétés secrètes, des expériences intimes ou de la vocation mystique, chaque fois qu'il faut rompre avec un mode d'existence pour passer à un autre supérieur, le processus est le même. Eliade en conclut que

> *Génération, mort et régénération ont été comprises comme les trois moments d'un même mystère, et tout l'effort spirituel de l'homme archaïque s'est employé à montrer qu'entre ces moments il ne doit pas exister de coupures. On ne peut pas s'arrêter dans un de ces trois moments, on ne peut*

---

[8] Mircea Eliade. *Mythes, rêves et mystères*. Paris : Gallimard, 1957, p. 227.

pas s'installer quelque part, dans la mort, par exemple, ou dans la génération. Le mouvement, la régénération se continuent toujours : on refait infatigablement la cosmogonie pour être sûr qu'on fait bien quelque chose : un enfant, par exemple, ou une maison, ou une vocation spirituelle[9].

L'Homme veut se soustraire au passage du temps, au devenir implacable qui mène à la mort. Il se défend contre la mort. Toutes les initiations cherchent à rapprocher l'Homme des esprits, à le mettre en communion avec ces forces qui ne meurent pas. Chaque initiation en répétant les gestes de l'être primordial, de l'être fondateur, recommence symboliquement la création du monde et à chaque fois on assiste à une nouvelle cosmogonie. Il n'en saurait être autrement car l'immortalité est le souhait universel de toute la nature. L'Homme, l'animal ou le végétal a inscrit en lui un violent désir de conservation et de reproduction pour se survivre. Toutes les civilisations et toutes les religions croient en la survie. Seul l'Occident semble avoir perdu cette conviction vitale, mais par rapport à la planète terre, il est une minorité dans ce domaine.

Il ressort de tout ce qui précède que les peuples archaïques accordent une grande valeur à la mort en tant que suprême mesure de la génération spirituelle. Mais cette considération positive de la mort se prolonge dans le christianisme ainsi que dans toutes les grandes religions du monde. Eliade tire de cet état de chose la réflexion suivante :

C'est le mystère fondamental, repris et revécu, revalorisé par toute expérience religieuse nouvelle [...] : si l'on connaît déjà la mort ici bas, si l'on meurt d'innombrables fois, continuellement, pour renaître à autre chose – il s'en suit que l'homme vit déjà ici-bas, sur la terre, quelque chose qui n'appartient pas à la Terre, qui participe au sacré, à la divinité ; il vit, déjà, un commencement d'immortalité, il mord de plus en plus à l'immortalité. Par conséquent l'immortalité ne doit pas être conçue comme une survivance post mortem, mais comme une situation qu'on se crée continuellement, à laquelle on se prépare et même à la quelle on participe dès maintenant, dès ce monde-ci. La non-mort, l'immortalité doit être conçue alors comme une situation-limite, situation idéale vers laquelle l'homme tend de tout son être et qu'il s'efforce de conquérir en mourant et en ressuscitant continuellement[10].

---
[9] Ibid..
[10] Mircea Eliade. *Mythes, rêves et mystères*. Paris : Gallimard, 1957, p. 279.

4. Invariance des mythes, invariance de la création littéraire.

En dernière analyse, nous pensons que notre étude nous a permis de mettre en évidence certaines constantes que l'on peut considérer comme identiques dans le mythe de l'immortalité chez le Bantou de l'Ouest-Cameroun, les Orientaux, les Asiatiques et les Judéo-chrétiens, pour ne citer que ceux-ci. Quelles que diverses que soient les civilisations dans le temps et dans l'espace, il est incontestable que tous les peuples ont eu des croyances, des rites magiques et religieux, des activités esthétiques. Ces expressions du génie humain, communes à toutes les civilisations, montrent bien que la culture sous sa forme religieuse, technique et artistique s'enracine dans la nature humaine universelle. Toute l'histoire de l'humanité se condense dans les mythes, les religions, les épopées. Les manifestations varient selon les temps et les lieux, mais il s'agit de la même vérité divine.

Le mythe, relevant de la religion, son étude est inséparable de l'imagination et de l'imaginaire. Grand et varié est l'usage que les écoles littéraires ont fait des mythes dans le temps et dans l'espace. Aussi pensons-nous avec Pierre Albouy que « *Le mythe constitue la signification fondamentale, en même temps que la structure signifiante de toute œuvre littéraire [...]. Que mythe et mythologie jouent dans nos lettres un rôle de première importance...* »[11].

Toute la littérature prend donc ses racines dans les mythes qui sont les textes fondamentaux. Le mythe est non seulement la substance absolue de la littérature mais « *la matière idéale du poète ; le mythe est en effet le poème primitif et anonyme du peuple où les relations humaines...montrent ce que la vie a de vraiment humain, d'éternellement compréhensible* »[12], pour paraphraser Pierre Albouy.

Cette universalité du mythe devrait se refléter sur la littérature. En Occident, la littérature a partie liée avec l'écriture et toute autre littérature n'est considérée que comme l'oralité. On ne peut pas refuser à la création artistique africaine, indienne ou judéo-chrétienne par exemple le statut de littérature au même titre que la littérature occidentale, car comme l'Occident, l'Afrique, l'Asie pour ne citer que ceux-là ont des mythes. Comme le constate Pierre Albouy, « *le mythe est un arbre qui croît partout, en tout climat, sous tout soleil, spontanément et sans boutures [...]. Comme le péché*

---

[11] Pierre Albouy. *Mythes et mythologies dans la littérature française*. Paris : Armand Colin, 1969, pp.14-15.
[12] Pierre Albouy. *Mythes et mythologies dans la littérature française*. Paris : Armand Colin, 1969, p. 103.

est partout, la rédemption est partout, le mythe partout. Rien de plus cosmopolite que l'Éternel »[13].

L'invariance au niveau des mythes devrait donc affecter la production artistique. L'Homme sous tous les cieux a fondamentalement les mêmes archétypes, la même façon d'espérer, de se projeter, de s'objectiver. Chaque peuple, chaque race travaille à faire sa littérature et toutes les littératures successives devraient donner naissance à la littérature du genre humain qui, dans sa diversité n'est autre chose que la littérature universelle. Chaque peuple, chaque époque, bien qu'ayant son génie propre ne représente que l'humanité dans sa quête de l'Absolu, dans sa quête de l'immortalité.

Par ailleurs l'écriture dissout, dilue l'authenticité de l'« effet de vie ». Toute sophistication dénature. L'écriture étant sophistication, altère, déforme par ses artifices la spécificité de l'« effet de vie ». L'écrivain donne au mythe une signification particulière, mais superficielle, élaborée par rapport à la signification profonde, c'est-à-dire archaïque. Il y a lieu de se demander si la littérature non occidentale ne semble pas être plus proche de l'authenticité, plus proche du mystère de la création. L'art en Afrique est une grande manifestation fondamentale de l'« effet de vie ». L'écriture doit réanimer les archétypes sans les dénaturer. Bref les invariants présents dans différents mythes à travers le temps et l'espace montrent s'il en était besoin que la littérature occidentale n'est pas la mère des littératures ou la méga littérature. Elle a en face d'elle non pas de petites oralités, mais une vraie littérature. Désormais il n'y a ni littérature majeure ni littérature mineure, il n'y a que la Littérature. Se pencher sur les mythes cosmogoniques, chercher à les comprendre, y déceler ce qui les rapproche sous tous les cieux, aiderait sans doute l'homme moderne séparé de son âme profonde à retrouver et à renouer avec la vraie source spirituelle d'où émanent les vraies forces créatrices.

CONCLUSION

Au terme de cette analyse, nous constatons que la conception de la vie et de la mort chez ces différents peuples est la même. Ils sont conscients de la temporalité de toute existence humaine, mais ils n'en sont pas paralysés. L'expérience de l'anxiété devant la mort n'est pas un non-sens. Ces peuples lui accordent un grand intérêt et une certaine efficacité. La mort ne débouche pas sur le Néant, mais sur une renaissance. C'est l'une des raisons pour lesquelles chez ces divers peuples, les vivants

---

[13] Pierre Abouy. *Mythes et mythologies dans la littérature française*. Paris : Armand Colin, 1969, p. 104.

entretiennent avec les morts, surtout les ancêtres, un réseau de relations étroites. Ils veulent vivre sans la hantise de la mort. Cette conception du monde les prédispose à la recherche de l'immortalité qui, entre autres possibilités, se manifeste dans les différents rites initiatiques pendant lesquels l'Homme réactualise, revit, répète la cosmogonie, les actes fondateurs des civilisations, afin de se convaincre que la mort n'est pas un spectacle dont il serait un témoin ou une victime impuissante.

La quête de l'infini présente chez presque tous les peuples fait du mythe de l'immortalité l'un des mythes les plus universellement réactualisés et exploités. Il est de ce fait le principe même de l'invariance. Cette invariance des textes fondamentaux que sont les mythes nous a amenée à reconsidérer la notion de la littérature qui ne doit pas être à tout prix tributaire de l'écriture qui, avec la pensée moderne a dilué les mythes, éloignant ainsi l'Homme de la vraie source spirituelle, l'obligeant ainsi à perdre son âme profonde. Pour finir, il y a lieu de se demander quelle est l'authentique, la vraie littérature ? Celle qui rapproche le plus l'Homme du mystère de la création vers lequel il tend de toutes ses forces ? Celle restée plus proche des textes fondamentaux ou celle sophistiquée par l'écriture ?

BIBLIOGRAPHIE

ALBERT, R. P. *Bandjoun, croyances, coutumes, folklores*. Saint-Quentin, 1937.
ABOUY, P. *Mythes et mythologies dans la littérature française*. Paris: Armand Colin, 1969.
BARTHES, R. *Mythologies*. Paris : Seuil, 1957.
ELIADE, M. - *Mythes, rêves et mystères*. Paris: Gallimard, 1957.
ELIADE, M. -*Le mythe de l'éternel retour (Archétypes et répétition)*. Paris : Gallimard, 1949.
ELIADE, M. -*Naissances mystiques (Essai sur quelques types d'initiation)*. Paris : Gallimard, 1959.
ELIADE, M. -*Le sacré et le profane*. Paris : Gallimard, 1965.
GRIMAL, P. *Dictionnaire de la mythologie grecque et romaine*. Paris : P. U. F, 1951.
HOLROYD, S. *Mystères du bien et du mal*. Paris : Hachette, 1985.
La Bible de Jérusalem, CERF/ Verbum, 1995.
MASSAMBA, Ma Polo. *Le Saint-Esprit interroge les esprits*. Yaoundé : Clé, 2002.
SELLIER, P. *Le mythe du héro*. Paris : Bordas, 1970.
SIMO, G. *Une approche du sacrement de mariage à travers les coutumes matrimoniales des Bamilékés*. Yaoundé : Imprimerie Saint Paul, 2004.
THOMAS, Louis ; Luneau, Bertrand et Doneux, Jean. *Les religions d'Afrique noire : textes et traditions sacrés*. Paris : Fayard, 1969.
WATIO, D. *Le culte des ancêtres chez les Ngyemba (Ouest-Cameroun) et ses incidences pastorales*. Inédit.

La mort dans la poésie orale funèbre camerounaise : le cas de *Voix de femmes* de Gabriel Kuitche Fonkou

Le doux Noël Fotio JOUSSE
Université de Dschang (Cameroun)

La poésie orale funèbre camerounaise est chantée. La musique, la danse et la chorégraphie servent de support aux paroles et toutes fusionnent pour exprimer des sentiments individuels et collectifs. On n'a pas besoin d'initiation pour chanter cette poésie populaire. Malgré sa production automatique qui la rapproche de la poésie surréaliste, elle use de procédés littéraires d'une grande diversité. Sa profération exige beaucoup d'énergie physique et de dextérité pour traduire ce que l'on ressent dans un rythme et une structure mélodique imposés par la tradition. Parce que cette poésie mélange à la fois des inspirations tragiques et dramatiques, elle occupe une place de choix dans la typologie des genres de la littérature orale africaine.

La poésie orale funèbre camerounaise peint la mort dans tous ses aspects. La mort, ressort de la tragédie, suscite la terreur chez les Camerounais et offre une possibilité de dramatisation. L'atmosphère tragique naît des cris et des pleurs et à chaque fois que le chanteur ou la chanteuse reproduit les paroles des êtres inanimés et des personnages qui n'existent que dans l'imagination collective au cours des veillées funèbres, l'inspiration devient dramatique. L'homme étant essentiellement mortel, la mort revêt dès lors pour le chanteur camerounais un caractère fatal car elle apparaît d'emblée comme une certitude empirique, un fait biologique inévitable. Elle est imperturbable dans son entreprise destructrice, frappant sans discernement, sans pitié et sans considération tous les êtres vivants. A travers l'analyse de onze poèmes funèbres extraits de *Voix de femmes* de Gabriel Kuitche Fonkou, nous montrerons que la mort, non seulement afflige l'être humain, mais l'amène également à s'interroger sur la condition humaine et à adopter un comportement stoïque. Pour ce faire, il nous semble intéressant d'analyser un certain nombre de sentiments et d'actions que génère la mort d'un être humain : la souffrance, l'anéantissement, la jubilation, la perte de certains statuts et avantages, l'adoption d'un comportement stoïque. C'est dire combien « *la mort en Afrique est non seulement un sujet d'étude passionnant, mais également le lieu d'éclosion d'un discours* » (Abomo-Maurin ; 2009 :76).

1-La souffrance et l'anéantissement

Le décès d'un être cher plonge ses proches dans une affliction sans mesure comme l'illustre l'extrait suivant :
ooooooo
eeee
ooooooo
eeee
é Maman a abandonné l'enfant en allant se tenir sous la pluie
é Si elle pouvait aller et revenir je me plaindrais moins
é Ayons vraiment un moment de chagrin ne restons donc pas tranquilles
é Assoyons-nous en chantant pour qu'arrive un autre visiteur
(Chant 2)

La femme qui se lamente ici a perdu sa mère. Le chant commence par les sonorités [o] et [e] qui sont intensément répétées et occupent des vers entiers. Ce sont des sonorités à valeur rythmique qui n'ont aucune fonction sémantique. La chanteuse introduit ce chant en exécutant d'abord ces sonorités. Ce faisant, elle prépare l'auditoire à accueillir le chant. Les sonorités à valeur rythmique donnent en quelque sorte un avant-goût du chant. Elles ouvrent ainsi les portes de son audition et lui impriment une cadence, une harmonie dans la phrase musicale. La sonorité [é] reprise au début de chaque vers a aussi une valeur rythmique. Le vers « é Maman a abandonné l'enfant en allant se tenir sous la pluie » est un euphémisme dont l'effet est d'atténuer une triste réalité: la mort de la mère. C'est une situation d'autant plus tragique qu'il s'agit d'une disparition définitive de cet être aimé. Aussi la chanteuse appelle-t-elle toute l'assistance à s'épancher avec elle et à partager sa mélancolie : « é Ayons vraiment un moment de chagrin ne restons donc pas tranquilles ». Ce n'est qu'après une longue lamentation que la chanteuse appelle l'assistance à observer une pause, le temps que s'annonce un nouveau visiteur. Les récurrences des sonorités [o], [e], [é] donnent au chant une tonalité tragique. N'gandou N'kashama décrit comme suit une cérémonie de deuil en Afrique :

> *L'on pleurait de fait les morts en utilisant des expressions appropriées, des attitudes, des gestes qui expriment les rapports entre les vivants et les morts. Il suffit donc au spectateur ou au lecteur de regarder ces gestes, d'écouter ces*

paroles pour situer chacun des personnages et déterminer sa fonction et sa place par rapport au mort, etc. (1979 : 77).

Il en est de même dans les extraits suivants :
Mon père eeee mon père
E mon père eeeeeee
E mon père eeeeee
Le Kaiser en rentrant de l'étranger
Sur le chemin est resté, mon père
E mon père eeeeeee
E mon père eeeeeee
Si nous nous étions dit adieu, mon père
Si nous nous étions dit adieu, mon père
Avant que tu ne tournes le dos, mon père
E mon père eeeeeee
Le Kaiser en rentrant de l'étranger
Sur le chemin est resté, mon père **(Chant 7)**

E mon père, pauvre de moi
E pauvre de moi parmi les gens
Dis-moi au revoir en partant
E mon père, disons-nous adieu
E si j'avais su j'aurais mangé ma viande et conservé l'os
E pour le sortir maintenant et manger encore o mon père
E quand arrivera Nchenda
E mon père, sur ton chemin j'irai me tenir
E ma viande, que puis-je dire ?
E ma viande au fond du pagne
E mon père, e mon père, dis-moi adieu **(Chant3)**

E mon aînée, pauvre de moi
E pauvre de moi parmi les gens
E mon aînée, celle qui ne peut rien souhaiter je suis devenue
E pauvre de moi, que puis-je dire ?
E pauvre de moi, j'ai caché mon malheur
E mon aînée, e mon aînée quelle traitrise ! **(Chant 4)**

Les chants 3 et 7 sont exécutés par des orphelins pour lamenter leurs pères tandis que le chant 4 est exécuté par une femme qui pleure sa sœur aînée. Mais on note dans ces trois chants une uniformité formelle. En effet, ils commencent par l'interpellation des défunts : « E mon père eeeeeee » chant 7, « E mon père » chant 3, « E mon aînée » chant 4. Il s'agit de chants individuels, lyriques, dans lesquels les chanteurs expriment des sentiments personnels. On note la récurrence de l'interpellation [E]. Le mode de cette interpellation, c'est la désignation par un titre affectif (E mon père eeeeeee), (E mon père), (E mon aînée). Il y a donc dans chacun de ces trois chants une interpellation constante du défunt. Le style est anaphorique en ce sens que [E] est placé en début de la quasi-totalité des vers des chants 3 4 et 7, . Les nombreuses assonances de [E] créent une musicalité. Les allitérations des sonorités sourdes telles que [m] et [P] renforcent la tonalité tragique de ces chants. En effet, c'est en pleurant qu'on les exécute. Ils évoquent avec tristesse le défunt. Il s'agit de l'épanchement des thrènes.

Dans le chant 7, l'orphelin pleure son père, le chef du village. Le terme « Kaiser » emprunté aux Allemands, est parfois utilisé par les chanteuses pour désigner le chef. Il s'agit d'un double épanchement : l'orphelin qui pleure son père et un village qui lamente son chef. L'expression « Le Kaiser en rentrant de l'étranger, sur le chemin est resté » est un euphémisme annonçant la mort du père. Les multiples occurrences de cette expression ont pour but de créer l'émotion pour que quiconque écoute le chant ne soit pas indifférent, qu'il soit touché au fond de son être. La situation est encore plus triste parce que l'orphelin n'a pas eu le temps de dire adieu à son père. Aussi regrette-t-il : « Si nous nous étions dit adieu, mon père ». Ce vers repris plusieurs fois traduit l'état d'âme meurtri de l'orphelin.

L'orphelin interpelle son père décédé dans le chant 3 et demande qu'il lui dise adieu. Tout cela traduit en réalité le regret de n'avoir pas eu le temps de dire adieu à son père avant que ce dernier ne passe de vie à trépas. On retrouve l'ironie dans le vers « E quand viendra Nchenda, e mon père sur ton chemin j'irai me tenir ». Il y a inadéquation entre le temps réel et les actions. On parle en utilisant le futur à un être (déjà décédé) d'un acte dont il sera l'auteur. En réalité, il ne s'agit pas ici d'une projection dans l'avenir immédiat ou lointain, mais d'un rappel, d'un souvenir de ce que faisait le défunt, le père rentrant de la chefferie un Nchenda (jour indigène), donnant la viande à son fils. Cela n'arrivera plus car le pourvoyeur de la viande est mort. C'est pourquoi le chanteur fait semblant d'ignorer la mort du père, donateur de la viande. Il parle au futur comme si l'action aura encore lieu. Il ressort de ce chant que contrairement à la fourmi de la Fontaine, ce garçon n'a pas eu l'intelligence de se constituer des réserves de provisions en période d'abondance en prévision d'une éventuelle période de disette. Il a mangé toute la viande que lui donnait son père sans rien garder. Pourtant aucune condition n'est permanente. D'où ce regret : « E si j'avais su j'aurais mangé ma viande et conservé l'os », « E pour le sortir maintenant et manger encore o mon père ». A présent que le pourvoyeur de viande n'est plus, il est anéanti.

Dans le chant 4, l'apostrophe « E mon aînée » permet à la femme d'attirer l'attention sur l'objet de son épanchement. Cette apostrophe, reprise en début de tous les vers, imprime au chant un rythme. La réduplication « E mon aînée, e mon aînée » crée l'harmonie. La femme dans ce chant décrit sa souffrance suite au décès de sa sœur aînée, à travers l'expression « pauvre de.moi » plusieurs fois répétée. Sa douleur est d'autant plus profonde qu'elle était intimement liée à sa sœur aînée. C'est pourquoi elle considère son décès comme un acte de trahison : « E mon aînée, quelle traîtrise ! ». Elle se sent abusée, spoliée. Le chant suivant est mélancolique :

Jour de colère !
Jour d'ignorance !
Je suis sortie de mon mutisme
Moi qui ne parlais pas
Je connaissais la loi
Je l'ai pourtant transgressée
J'étais le ciseau biseauté qui récolte le vin
Mais je n'en ai jamais bu
La première à la fontaine
J'ai puisé de l'eau trouble
Jour d'ignorance !
Je suis anéantie
Une fois franchie la rivière
Je suis aussi malheureuse
Que j'ai été heureuse
Jour de colère ! **(Chant 5)**

On note d'entrée de jeu, dans le chant 5, le parallélisme synonymique des deux premiers vers, ce qui crée un rythme. On relève aussi deux exclamations décrivant l'état d'âme de la femme qui chante. En effet, elle est plongée dans une mélancolie consécutive au décès de son mari. Elle sombre dans le courroux contre la mort. Cela se traduit par l'exclamation « Jour de colère ! » plusieurs fois reprise. Ce chant est bâti autour de plusieurs contrastes opposant le bonheur de la vie passée en compagnie du mari à la tristesse de celle d'aujourd'hui suite à son décès. Tous les besoins de la femme étaient comblés par son mari. Le vin évoqué dans le chant renvoie à toutes les bonnes choses matérielles liées à l'existence de ce dernier. Maintenant qu'il est décédé, elle se sent ébranlée. Elle déclare elle-même : « Je suis anéantie ». Dans le vers « Une fois franchie la rivière », la rivière représente la frontière, la ligne de séparation entre la vie du vivant de son mari et la vie d'aujourd'hui. On note de nombreuses occurrences de la première personne du singulier « je ». Il y a donc effusion des sentiments personnels. L'anaphore de « je » crée dans le chant une musicalité. On constate que l'exclamation « Jour de colère ! » commence et achève le chant. Cela signifie que l'homme est pris dans le cercle vicieux de la mort. Les extraits suivants sont encore plus pathétiques :

> *OH ! Oh ! Oh !*
> *Qui peut se suffire oh !*
> *Oh ! Ma mère*
> *Chacun ne se lamente que sur sa personne*
> *Oh ! Je pleure pour le père du chef Kamgue*
> *Je suis malheureuse*
> *Oh ! Fodouop ! Oh ! Mère-poule*
> *Je pleure le « père des poussins » Fodouop ah !*
> *Oh ! Le berceur ! Je suis malheureuse !*
> *Descends doucement dans la fosse*
> *Oh ! Sa' Fodouop, je suis malheureuse !*
> *Oh ! Je suis malheureuse !*
> *Oh ! Qui parlera de moi ?*
> *Oh ! Que dirons-nous demain ?*
> *Oh ! Je suis folle*
> *Je suis folle Ah ! Ah !*
> *Oh ! Je suis folle, c'est la mère-poule que j'évoque*
> *Oh ! Je suis folle, c'est la mère des enfants que je pleure*

Je souffre ici-bas ! Et il est parti !
Oh ! Père des poussins ! Je dis Fodouop Kamdem **(Chant 10)**

Qui est-ce mort ?
La mort est la chose qui arrache quelqu'un
Ô mort d'où vient-il que nous nous soyons rencontrés ?
Quelle petite mort tordue, maman !
La mort est la chose qui arrache quelqu'un
Quelle mort dégueulasse, maman !
Ô mort d'où vient-il que nous nous soyons rencontrés ? **(Chant 1)**

 Le chant 10 commence par les mots vocaliques « Oh ! » qui occupent un vers entier. Ils impriment au chant une mélodie. On note aussi l'anaphore puisque « Oh ! » est repris en début de la quasi totalité des vers du chant, ce qui crée l'harmonie. La femme qui chante ne se contente pas de pleurer le défunt. En effet, chaque situation de deuil lui rappelle tous les êtres chers qu'elle a perdus, ce qui l'amène à s'épancher davantage. Ce comportement est assez répandu au Cameroun où les motivations des pleurs pendant un deuil sont beaucoup plus liées aux situations analogues vécues personnellement par chaque individu. C'est ainsi que pour la chanteuse, « Chacun ne se lamente que sur sa propre personne ». Aussi se souvient-elle du décès de Fodouop et de sa mère. Elle use des zoomorphisations « Père des poussins », « Mère-poule » pour désigner respectivement Fodouop et la mère. Ces expressions plusieurs fois répétées dans le chant soulignent leurs qualités de parents exceptionnels. Ce souvenir pousse la chanteuse à se lamenter davantage. La récurrence du vers « Je suis malheureuse ! » traduit une profonde mélancolie. Elle se sent seule, abandonnée : « Je souffre ici-bas ! Et il est parti ! ». Son état psychologique se dégrade au point où elle déclare avoir perdu la raison. Les nombreux points d'exclamation dans ce chant ont une fonction émotive. Ils expriment la mélancolie de la chanteuse.
 Abattue, la chanteuse dans le chant 1 s'interroge sur la mort dès le premier vers : « Qui est-ce mort ? ». Mais la réponse donnée au second vers n'est pas de nature à la consoler. En effet, la mort est peinte comme quelque chose de cruel « qui arrache quelqu'un ». Autrement dit, elle prive les individus de l'affection, de l'amour ou de l'amitié d'un père, d'une mère, d'un frère, d'une sœur, d'un époux, d'une épouse, d'un ami, etc. Elle est dès lors affligeante. Les nombreuses occurrences du vers « La mort est la chose qui arrache quelqu'un » décrivent sa cruauté. Excédée, la chanteuse

se répand en invectives à l'endroit de la mort : « Quelle petite mort tordue, maman ! », « Quelle mort dégueulasse, maman ! ». Mais cela n'entame en rien la détermination de la mort à sévir sur les hommes. Consciente de son incapacité d'influer sur la mort, elle exprime ce regret à travers l'interrogation oratoire: « Ô mort d'où vient-il que nous nous soyons rencontrés ? »

La poésie orale funèbre camerounaise décrit donc la souffrance et l'anéantissement de ceux et de celles dont la mort a arraché un être cher :« mère, père, sœur, mari, » (Kuitche ; 2010 : 95). Mais il faut dire que les sentiments exprimés par les chants funèbres ne vont pas toujours dans le même sens. On peut écouter un autre son de cloche.

2-La jubilation

Il arrive que la femme jubile de la mort de son mari :

> *Mon mari se nomma rivière*
> *Et moi source*
> *Voilà que la rivière est desséchée*
> *Et que la source n'a pas tari*
> *Dieu le tient maintenant ! Pas d'issue !*
> *Te voilà ! Ah ! Te voilà !*
> ***Refrain***
> *Hééé ! Hééé !*
> *O ma mère, pauvre de moi*
> *Que coûtent les pleurs à un mortel ?*
> *Dieu le tient maintenant ! Pas d'issue !*
> *Te voilà ! Ah ! Te voilà !*
> *Mon mari crut qu'il était un rocher*
> *Et moi, simple pierre-pilon*
> *Le rocher est aujourd'hui brisé*
> *Mais la pierre-pilon roule encore*
> *Dieu le tient maintenant ! Pas d'issue !*
> *Te voilà ! Ah ! Te voilà !*
> ***Refrain***
> *Ô jeunes gens qui allez creuser la tombe,*

Creusez-la bien profonde de trois mètres
Et si possible quatre
Dieu le tient maintenant ! Pas d'issue !
Te voilà ! Ah ! Te voilà ! **(Chant 6)**

Ce chant est organisé en couplets et refrains. Le refrain remplit une fonction sémantique en ce sens qu'il est la suite logique de l'histoire narrée dans chaque strophe. On relève dès le début une antithèse entre le mari qui se nomma rivière et la femme source. En effet, la rivière est large et profonde alors que la source est minuscule. Les deux premiers vers de la deuxième strophe présentent aussi une antithèse entre le mari qui crut qu'il était un rocher et la femme une simple pierre-pilon. L'expression « Dieu le tient maintenant » est un euphémisme traduisant la mort du mari. Il est passé de vie à trépas tandis que sa femme vit encore. Il y a comparaison entre l'homme et la femme. Malgré son apparence robuste (rocher, rivière), l'homme est vulnérable devant la mort, tandis que la femme brave la mort malgré sa frêle apparence (source, pierre-pilon). L'homme et la femme ici sont à l'image du chêne et du roseau de la Fontaine. Le chêne de par sa robustesse, sa solidité, sa forme imposante, se croit invulnérable face au vent et plaint plutôt le sort du pauvre roseau maigrelet, faible, sans consistance. Mais lorsque souffla un grand vent, le chêne fut renversé tandis que le roseau, grâce à sa capacité de plier sans rompre, résista au vent.

L'apostrophe « Ô ma mère » ne renvoie pas à un regret, mais à un souvenir de l'enfer que cette femme a vécu du vivant de son mari. Ce chant est entrecoupé par des mots vocaliques « Hééé ! Hééé !» repris à intervalles réguliers. Ces cris poussés par la femme peuvent être interprétés comme un rire narquois qui doit probablement imprimer sur la face un rictus sardonique, l'expression d'une jubilation. En somme on a l'impression d'avoir affaire ici à un chant de victoire remportée par la femme sur son mari défunt et non d'un chant funèbre. C'est le mépris du mari décédé par sa femme. En effet, l'expression « Te voilà ! Ah ! Te voilà ! » répétée plusieurs fois est moqueuse, dépréciative. Il s'agit de la défaite du prétentieux (le mari) et de la victoire de la modeste (la femme). La défaite est marquée par la mort du mari. L'abondance des points d'exclamation imprime au chant une allure poétique. La répétition de plusieurs vers, l'assonance de [e] et l'allitération de [q] renforcent la musicalité. En apostrophant les jeunes gens qui creusent la tombe, la femme veut les rendre complices de sa haine contre son défunt mari. Elle le voue aux gémonies en demandant qu'on l'enterre à quatre mètres sous terre. Elle veut ainsi se rendre à l'évidence de sa mort en l'enfouissant dans des profondeurs abyssales.

    La poésie orale funèbre camerounaise laisse libre cours à des sentiments naviguant à contre-courant. Dans le cas d'espèce, on a affaire à une femme qui se délecte de voir disparaître son mari. Cet homme devait être certainement un enfer sur terre, car « *la souffrance aux multiples facettes de la femme dans le mariage [...] suscite dans le pire des cas la joie pour la mort du mari* » (Kuitche ; op.cit : 95). Mais en général, la mort d'un être cher cause des dommages sur ses proches.

3-La perte de certains statuts et avantages

    Le décès d'un être humain a un impact sur ses proches comme l'illustrent les extraits suivants :

> *La mort est la chose qui arrache quelqu'un*
> *Rend veuve la meilleure épouse*
> *Rend veuf le meilleur époux*
> *Rend orphelins les enfants* **(Chant 4)**

> *é Quand je dis « je meurs de faim » notre mère me comprend très vite*
> *é Elle m'appelait avec respect et je répondais avec respect*
> *é Où se trouve ma mère pour m'appeler en sifflotant ?*
> *é Aller deux à deux c'est mieux mais moi je ne suis qu'un singleton*
> *é L'orphelin n'est qu'un voleur et porte partout le sac de vol*
> *é La mère de quelqu'un a planté des légumes mais ces légumes sont devenus*
>   *ceux des corbeaux* **(Chant 2)**

> *E l'orphelin n'est qu'un voleur*
> *E mon père, qui peut élever l'enfant d'un autre ?*
> *E mon père, au champ se trouve le plantain mûr*
> *E mon père, qui donc le coupera pour moi ?*
> *E le plantain de l'orphelin, un doigt et demi* **(Chant 3)**

> *Mon enfant orphelin, et moi veuve !*
> *J'ai passé toute la nuit sans voir le maître de la maison !*
> *Hôte, je suis devenue la propriétaire de la maison !*

Va au marché et ramène un présent pour ta femme qui t'attend
J'ai mangé à tel point que j'ai jeté la feuille !
Mon cher, le veuvage précoce est comme le filaire !
Père de mon enfant, l'orphelin est un voleur
L'orphelin est un voleur, un voleur qui ne vole pas ! **(Chant 8)**

Le chant 4 décrit les conséquences immédiates de la mort d'un père et d'une mère de famille. En effet, les conjoints perdent leurs anciens statuts pour d'autres moins reluisants : veuf, veuve. Il en est de même des enfants qui deviennent orphelins. La mort frappe sans discernement, sans considération aucune de sexe, de statut social. Sa victime a beau être la meilleure des épouses ou le meilleur des époux, la mort ne fait aucune différence. Le parallélisme synonymique dans ce chant renforce la musicalité.

La chanteuse, dans le chant 2, met en exergue les relations qu'elle entretenait avec sa mère du vivant de celle-ci à travers la dramatisation : é Quand je dis « je meurs de faim » notre mère me comprend très vite. Il s'agit pour elle de reproduire fidèlement ses différents échanges avec sa mère afin de montrer leur degré de complicité. Elle avait une façon particulière de l'appeler et de la choyer. Elles étaient intimement liées. La chanteuse a tout perdu après la mort de sa mère. L'interrogation « Où se trouve ma mère pour m'appeler en sifflotant ? » est rhétorique et traduit un sentiment de dénuement, d'autant plus que sa mère, cultivatrice, a planté des légumes qui, faute de cueilleur, vont servir de repas aux corbeaux. C'est pourquoi elle s'apitoie sur sa triste condition d'orpheline : « L'orphelin n'est qu'un voleur et porte partout le sac de vol ». Il s'agit d'une image mettant en exergue le triste sort réservé à l'orphelin dans la société bamiléké où est recueilli ce chant. D'après Ongoum et Ngompe,

> *L'orphelin est le bouc émissaire de la société. Un larcin ou un dégât important est commis dans la maison de sa marâtre ou dans le voisinage, un doigt accusateur se pointe vers lui. Les difficultés de toutes sortes le hantent sans relâche. Encore enfant, on lui donne des vieux haillons comme à un mendiant. Il n'a personne pour s'occuper de ses poux et de ses chiques. Il subit tous les caprices de sa marâtre car c'est lui qui accomplit tous les travaux domestiques et champêtres de cette dernière (op.cit : 608).*

La chanteuse redoute donc ce statut d'orpheline dans lequel l'a plongée le décès de sa mère. Dans le chant 3, le chanteur a perdu son père. Il l'interpelle par l'apostrophe « E mon père » et s'adresse à lui comme s'il était encore vivant. Il est question pour lui de souligner le triste sort réservé à l'orphelin. Le père qui était son pourvoyeur en nourriture n'est plus. A cause de ses besoins qui seront désormais insatisfaits, il peut sombrer dans le vol. Même s'il est adopté par une famille, son statut d'orphelin le suivra partout. Il sera victime de toutes sortes de discriminations. D'où cette interrogation : « E mon père, qui peut élever l'enfant d'un autre ? ». Si on daigne lui donner du plantain, ce n'est pas plus d'un doigt et demi alors que du vivant de son père, il pouvait avoir tout un régime. Les interrogations dans ce chant ont une valeur rhétorique.

La femme dans le chant 8 a perdu son mari. Elle l'interpelle par l'apostrophe « Père de mon enfant ». Elle exprime sa triste condition et celle de son enfant suite au décès de ce dernier. En effet, la mort du mari fait de la femme une veuve et de son enfant un orphelin. La dramatisation : « Va au marché et ramène un présent pour ta femme qui t'attend », « J'ai mangé au point de jeter la feuille » permet de reproduire au présent ce que faisait son mari de son vivant. C'était un homme attentionné, serviable et responsable qui comblait les besoins de sa femme. Du vivant de ce dernier, sa femme vivait dans l'abondance. L'expression « Hôte, je suis devenue la propriétaire de la maison ! » s'explique dans son contexte socioculturel. En effet, le mari est ici considéré comme le propriétaire de la maison et la femme un occupant temporaire. Mais la mort de ce dernier confère à la femme le titre de propriétaire de la maison. Cette expression n'est pas prononcée dans le chant par la femme à des fins de jubilation, mais de regret. Pour elle c'est une situation inconfortable que d'être veuve. C'est pourquoi elle regrette son sort et compare le veuvage au filaire, maladie contagieuse et récidiviste, caractérisée par l'apparition sur la peau de boutons qui engendrent des démangeaisons. Par cette comparaison, la femme qui chante veut montrer qu'une veuve ne peut jamais retrouver la paix et la quiétude comme du vivant de son mari. Pour Ongoum et Ngompe, « *Le sort de la veuve est aussi pitoyable que celui de l'orphelin chez les Bamiléké* » (Ibid : 609). Les points d'exclamation dans ce chant traduisent l'étonnement doublé d'une grande émotion. Le dernier vers est un contraste sémantique mettant en exergue la situation inconfortable de l'orphelin.

La mort est bien perçue par rapport aux vivants. Délaissés et abandonnés par les êtres chers, ceux-ci se retrouvent dans une situation de manque. Ils acquièrent dès lors des statuts peu reluisants : veuf, veuve, orphelin, orpheline. Mais face aux affres de la mort, ils se forgent une attitude appropriée.

5-L'adoption d'un comportement stoïque

D'après la poésie orale camerounaise, étant donné que toute résistance à la mort est vaine, les hommes la banalisent tout en reconnaissant sa toute-puissance :

Quelle mort aveugle, maman ! **(Chant 1)**

E eee qui est-ce qui peut savoir ?
E mon aînéé, eee, meurt-on abandonnant sa mère ?
E mon aînée, mourir sans honte ? **(Chant 4)**

Mais ô Dieu, c'est toi qui l'as voulu ainsi
Mais qui peut savoir ce que le sort lui réserve ? **(Chant 5)**

Qui pleure un mort se lamente sur soi-même
Le mal est permanent ! Faisons-y moins allusion !
Quiconque rit aujourd'hui demain pleurera
De quoi sera fait demain ?
Lorsque ça arrive, c'est arrivé
Qu'y a-t-il ?
Qui peut demeurer soi-même ? **(Chant 10)**

L'unique vers extrait du chant 1 est une exclamation décrivant la consternation de la chanteuse face à la cruauté de la mort. Dire qu'elle est aveugle signifie qu'elle frappe sans état d'âme et sans considération aucune le bon, le méchant, l'utile, l'inutile. Pour la chanteuse, parce qu'elle est aveugle, la mort est incapable d'apprécier à leur juste valeur les actes que posent les hommes. Ceux-ci devraient donc l'évacuer de leurs préoccupations car il est vain de se battre pour l'éviter.

L'interrogation rhétorique « E eee, qui est-ce qui peut savoir ? » décrit dans le chant 4 l'incapacité de l'homme à contrôler la mort. Elle peut frapper qui elle veut, n'importe quand et n'importe où. Tout le monde souhaite vivre longtemps et enterrer ses parents. Mais la mort a tout bouleversé. En effet, « *l'imaginaire collectif est structuré à l'idée suivant laquelle ce sont les enfants qui doivent enterrer leurs parents* » (Amabiamina ; op.cit :121). Cela rejoint le point de vue soutenu par Abomo-Maurin pour qui « *mourir jeune, avant d'avoir donné un sens à son existence, par l'accomplissement des devoirs qui incombent à tous les stades de la vie, [...] conforte l'idée de mauvaise mort* » (op.cit : 89). Aussi la chanteuse s'étonne-telle : « E mon aînée, eee, meurt-on abandonnant sa mère ? ». Tout ceci montre que l'homme n'a rien de positif à attendre de la mort. Celle-ci ne se montrera jamais indulgente à son égard. L'homme doit donc se montrer indifférent à son endroit et vivre comme si elle n'existait pas. En effet, la mort « *ne se livre pas à la découverte, même si elle semble nous inviter à un dialogue auquel les êtres humains, principaux interpellés, restent muets devant son inéluctabilité* » (Ndiaye ; op.cit : 23).

L'extrait du chant 5 commence par l'apostrophe « Ô Dieu » par laquelle la chanteuse interpelle Dieu et l'accuse d'être responsable de la mort de son mari. Cela s'explique en ce sens que Dieu en créant l'homme a aussi créé la mort. Il a donc livré l'homme aux griffes de celle-ci. Elle sévit sans pitié sous son regard indifférent. Face à ce constat, l'homme ne doit plus se laisser émouvoir par la mort puisque c'est le sort que Dieu lui a réservé.

Le premier vers de l'extrait du chant 10 décrit la mort comme un danger permanent suspendu au-dessus de la tête de chaque individu comme une épée de Damoclès. Elle « *se pose comme une ennemie tapie dans l'ombre et prête à surgir pour nous dicter sa volonté* » (Atcha ; 2009 : 149). A chaque fois qu'elle a frappé un malheureux, tous les vivants se posent la question : A qui le tour ? Même le bonheur que l'on croit vivre n'est qu'un prélude du malheur. Tout cela est illustré par cet aphorisme : « Quiconque rit aujourd'hui demain pleurera ». La chanteuse souligne ainsi que la mort guette l'homme à tout instant. Face à cette fatalité, la chanteuse appelle l'homme à se montrer stoïque. Pour elle, « Le mal est permanent ! Faisons-y moins allusion ! ». L'homme est ainsi appelé à se placer au-dessus de la mort et à mener son existence comme si elle n'existait point. En effet, « *Il ne sert à rien de s'empoisonner l'existence par une peur sclérosante de ce phénomène étranger et étrange qu'est la mort* » (Noutenidjeu ; op.cit : 71). L'attitude la plus honorable c'est de plutôt s'en accommoder tant il est vrai qu'elle finit toujours par avoir raison de tout le monde. Le chant suivant est encore plus instructif :

Ô pleure et oublie
Pleure et oublie petite sœur
Ayons l'habitude de pleurer et d'oublier
Pleure et oublie
Le malheur frappe depuis toujours
Pleure et oublie
Qui est-ce qui, en passant la nuit,

Sait ce qui arrivera le matin ?
Pleure et oublie
Qui est-ce qui, en passant la journée,
Sait ce qui arrivera le lendemain ?
Pleure et oublie mon ami
Pleure et oublie papa
Pleure et oublie maman
Pleure et oublie pour faire ton commerce
Ayons l'habitude de pleurer et d'oublier
Pleure et oublie pour te baigner
Te baigner pour oublier   **(Chant 11)**

A travers les nombreuses occurrences de « Pleure et oublie », la chanteuse enseigne aux hommes la conduite à tenir face aux affres de la mort. Pour elle, l'homme doit se montrer courageux, stoïque. En effet, après le décès d'un être cher, l'homme ne doit pas se laisser abîmer par le chagrin. Il doit se ressaisir et reprendre le cours normal de sa vie. En adoptant un tel comportement, l'homme humilie la mort. La chanteuse interpelle un certain nombre de personnes éprouvées à qui elle adresse ce message de consolation. Mais ces personnes citées ne le sont qu'à titre illustratif. En réalité, l'expression « Pleure et oublie » s'adresse à tout le monde. L'être humain est appelé à avoir de l'ascendant sur la mort, à ne pas se laisser intimider par elle. Un tel comportement doit être adopté en permanence étant donné que : « Le malheur frappe depuis toujours » et que personne ne peut prédire ce qui arrivera le lendemain. L'homme doit comprendre que ne pouvant influer sur la mort, il doit adopter par conséquent à son endroit un comportement stoïque. Ainsi, après avoir enterré un être cher, l'homme doit reprendre du poil de la bête et vaquer à ses occupations, d'où la recommandation: « Pleure et oublie pour faire ton commerce ». La chanteuse s'inspire aussi de l'expérience des ancêtres qui ont beaucoup souffert de la mort, pour souligner la nécessité d'adopter à son égard un comportement stoïque.

Conclusion

Il ressort de la poésie orale funèbre bamiléké que la mort, en tant qu'événement commun à tous les hommes, est perçue et commentée soit par un individu en son nom personnel, soit par toute la communauté à travers les thèmes de la souffrance, de l'anéantissement, de la jubilation, de la perte de certains statuts et avantages, de l'adoption d'un comportement stoïque. Certains moments tristes de la vie tels que le décès d'un être cher qui engendre la souffrance, le désespoir et l'inquiétude, bouleversent la sensibilité. Ces moments provoquent une profonde affliction qui génère dans l'âme une émotion si forte qu'on ressent le besoin de l'exprimer en un style caractérisé par la prédominance du vocabulaire affectif, d'une multitude de tours exclamatifs et interrogatifs, d'invocations, de répétitions, de métaphores, de comparaisons, d'anaphores, d'images. Mais au-delà de cet épanchement, les chanteuses et les chanteurs estiment qu'il ne sert à rien de s'empoisonner l'existence par la peur de la mort. L'attitude la plus honorable qu'ils recommandent est de s'en accommoder tant il est vrai qu'elle finit toujours par avoir raison de tout le monde.

Bibliographie

ABOMO-MAURIN, M-R, 2009. « Les morts violentes dans le roman camerounais ». In : *La mort dans les littératures africaines contemporaines*. Paris : L'Harmattan, pp.76-93

AMABIAMINA, A-F, 2009. « La mort dans le roman d'Amadou Kourouma : entre capitulation et sacrifice ». In : *La mort dans les littératures africaines contemporaines*. Paris, L'Harmattan, pp.108-132.

AMOUGOU, L-B, 2009, « Récits de la mort : manifestations pour la vie chez les écrivains africains contemporains. In : *La mort dans les littératures africaines contemporaines*. Paris : L'Harmattan, pp.207-217.

ATCHA, Amangoua, P., 2009. « African psycho ; une écriture du macabre ». *La mort dans les littératures africaines contemporaines*. In : Paris : L'Harmattan, pp. 149-167.

GNINTEDEM, D, 1994, *Les chants funèbres des pleureuses Ngyèmbon*, Mémoire de DIPES II, Yaoundé, Ecole Normale Supérieure.

KUITCHE Fonkou, G, 2010. *Voix de femmes*. Paris : L'Harmattan, Collection Voix et Sources.

NDIAYE, L, 2009. « Mort et imaginaire en Afrique noire : la mort bavarde ». In : *La mort dans les littératures africaines contemporaines*, Paris, L'Harmattan, pp.11-30.

N'GANDU N'kashama, P., 1979. *Comprendre la littérature africaine écrite*. Paris : Saint- Paul.

NOUTENIDJEU, J., 2000. *Paroles des chansons du rite de veuvage chez les Yemba*. Mémoire de Maîtrise, Université de Dschang

ONGOUM, L-M et Ngompe, M., 1989. « Caractéristiques de la poésie funèbre bafoussam ». In : *Littérature orale de l'Afrique contemporaine*. Yaoundé, pp.605-621

ONGOUM, L-M., 1985. « Poésie orale fe'e fe'e d'hier et d'aujourd'hui ». In : *Ngam*, n°8, Université de Yaoundé, pp.5-19.

ZUMTHOR, P., 1983. *Introduction à la poésie orale*. Paris : Seuil.

La mort-renaissance, une culture du phénix dans les littératures d'Afrique australe et caribéenne. L'exemple du Tout au contraire d'André Brink et de Solibo Magnifique de Patrick Chamoiseau.

Thierno Boubacar BARRY
Université Gaston Berger (Sénégal)

Intituler un article par un oxymore évoque plus d'intuition que de rationalité, surtout s'il s'agit d'associer Mort et Renaissance. Toutefois, à ce niveau, il s'agit d'une étude scientifique sur une forme de mort : la mort-renaissance. Autrement dit, une mort considérée comme une propédeutique à l'affirmation et au rayonnement d'ici-bas. C'est une mort qui ouvre une nouvelle ère de l'existence et de l'évolution de l'humanité. C'est en somme une mort existentielle. Cette facette de la mort trouve dans les littératures d'Afrique australe[14] et caribéenne[15] un puissant écho. En effet, dans leur œuvre respective *Tout au contraire* et *Solibo Magnifique*, André Brink et Patrick Chamoiseau font de la mort une clé de l'unité et de liberté. Qu'il s'agisse de l'assassinat, de la mort acceptée ou de la mort naturelle, les effets sont toujours les mêmes : la catalyse des pensées et des idéologies. Des cendres du trépassé - tel Phénix - jaillissent avec vigueur les idées que défendait le mort. Le trépas s'inscrit sur le circuit logique de l'évolution. C'est ainsi que le poète et éditeur haïtien note :

> *Le dit de la mort est omniprésent dans la littérature caribéenne. Comme si la mort faisait partie du rythme et du mouvement même de la vie. C'est par la mort que s'activent et se prolongent les mythes et les imaginaires. En créole, pour signifier la mort, ne dit-on pas **nan pye verite**, au pied de la vérité, comme si la seule et unique vérité était la mort.[16]*

La mort devient l'instant de vérité qui augure l'avènement certain des lumières. La mort de Solibo comme celle de Manuel héros du *Gouverneurs de la rosée* de Jacques Roumain marque l'ère de l'unité et de la prospérité.

---
[14] Catherine Belvaudé. *Littératures d'Afrique australe*. Paris : Silex, 1985.
[15] Maryse Condé. *Le roman antillais*. Paris: Fernand Nathan. 1977, tome 1
[16] Rodney Saint-Eloi. « Quelle politique de circulation du livre pour le bassin Caraïbe ? ». Caraïbes : un monde à partager. *Cultures Sud. N°168. Notre librairie revue des littératures d'Afrique, des Caraïbes et de l'océan Indien*. Janvier-mars 2008, p.274.

Cette communication sera axée sur trois étapes : d'abord, les personnages phénix, ensuite la mort stratégique et enfin l'esthétique de la mort. Comme grilles d'analyse nous utiliserons le comparatisme.

1-Les personnages phénix

Pourquoi ne faudrait-il pas parler simplement d'immortalité ou tout bonnement de renaissance pour analyser cet état, au lieu de créer un mot nébuleux (mort-renaissance)? A bien des égards, le mot « mort-renaissance » exprime une résurrection susceptible de changer le cours de l'existence. Elle est un anéantissement certain du corps, non pas suivi d'une chute dans le néant mais d'une éclosion des idées. Elle exige le désagrégement du corps pour la pérennité de l'esprit. En un mot, la mort-renaissance, c'est l'épreuve de la conviction. Dans les Caraïbes[17] comme en Afrique australe, la littérature, exprimée surtout par les œuvres romanesques d'André Brink et de Patrick Chamoiseau, fait de la mort-renaissance un réservoir d'intrigues.

Par phénix, nous faisons référence et allusion à la légende de régénérescence entourant l'oiseau phénix. En fait, malgré la discordance des mythographes sur sa mort (par le feu ou naturellement), tous admettent sa beauté extraordinaire et sa résurrection imminente sur les cendres ou les os du défunt oiseau. Selon Pierre Grimal, «l'aspect général du phénix est celui d'un aigle. Lorsque le phénix sent arriver la fin de son existence, il met le feu à son bucher odorant et que, des cendres, surgit un nouveau phénix.[18]» Parmi les croyances en la réincarnation des mythographes accordée au phénix, nous retiendrons surtout celle de renouvellement, le début d'une nouvelle ère reconnue par les astrologues qui assimilent la renaissance d'un phénix à la révolution sidérale, divulguée par « théorie de la grande année ».

Les personnages phénix renvoient à ces « êtres de papiers » pour reprendre Paul Valéry qui structure les récits et en constitue même les piliers. Chaque personnage phénix est, selon Chklovski, « le file qui relie les épisodes du roman.[19] » Ils sont tous, que ce soit chez Brink ou chez Chamoiseau, animés d'une profonde aspiration au changement de mentalité, de comportement et d'attitude. En un mot, ils sont des sortes d'épigones du progrès, les fers de lance d'une régénérescence inéluctable. Dans le *Tout au contraire* de André Brink[20] les héroïnes Rosette, Jeanne d'Arc et le

---
[17] Louis Doucet. *Les Antilles d'aujourd'hui*. Paris : Les Editions Jaguar, 1988, 4°édition [1971 1ère édition]
[18] Pierre Grimal. *Dictionnaire de la mythologie grecque et romaine*. Paris : Hachette p.336.
[19] T. Todorov. *Théorie de la littérature*. Paris : Seuil, Collection « Tel Quel », 1965, p. 190.
[20] André Brink. *Tout au contraire*. Paris: Stock, 1994. Toutes nos références sont tirées de cette édition. Le sigle *TC* sera utilisé au cours du travail.

héros Estienne Barbier concentrent cette énergie de la métamorphose, du devenir. En effet, la jeune Rosette, esclave noire originaire de l'ile de Gorée qui est déportée au Cap, y vit en se considérant libre. Tous ses actes ou paroles scandent une sempiternelle et profonde foi en la liberté.

Elle est un personnage dual : esclave et reine. De la *Knetch* (jeune esclave), soumise et malmenée, elle s'enfuit pour devenir libre. Conteuse talentueuse qui envoute de par ses histoires, elle créé un univers antipodique à celui de la colonie du Cap. Cette image de reine révèle le versant onirique du récit, car depuis l'évasion, Rosette n'est évoquée qu'à travers les rêves brouillés du prisonnier Barbier. Rosette constitue le symbole de la terre nourricière, de l'Afrique violée et spoliée par les Boers cupides. Le Monomotapa où elle réside et « qui est une ville faite de mot » (*TC*. p. 296), symbolise le lieu où règnent l'équité et la justice, où il n'y a nulle trace de racisme et d'apartheid. Le fait de pourvoir des ails à Rosette justifie ce rêve de liberté que doit obtenir toute l'Afrique du Sud dont, au reste, elle est assimilée. Ce rapprochement de Rosette à la terre dévoile les fantasmes de Barbier, le héros conquérant. Ainsi, selon le psychanalyste Freud, les symboles qui surgissent dans une œuvre, relèvent des désirs obscurs mais voilés du narrateur. Ainsi, « les formes concaves évoqueraient le corps féminin, les formes convexes, pointues ou dressées, le corps masculin »[21]. Cette étude psychanalyste explique clairement le culte que Barbier voue à Rosette qu'il assimile au Monomotapa par ses fosses et ses montagnes en ces termes : « Quand je pense à elle, elle apparaît avec le pays, ses mamelons, ses espaces dégagés, sa lumière, ses ravins et ses fourrés, ses profondeurs secrètes » (*TC*. p. 373). Malgré des efforts inouïs, Barbier ne parviendra pas à gagner la confiance de Rosette. Aussi accepte-il de revenir au Cap et de subir le verdict du Procureur général *Mijnher* (chef) Daniel van den Henghel, son irréductible ennemi.

Parallèlement à Rosette, Jeanne d'Arc, personnage mi- virtuel, mi- réel, occupe une place centrale dans le récit. Elle est la mémoire de Barbier. C'est elle qui motive, guide et prédit tout acte de Barbier. Elle l'incite au voyage pour accomplir des prouesses héroïques. Depuis le pont d'Orléans, lieu de leur rencontre, elle demeure son fidèle ombre. Conseillère atypique, elle l'incite à quitter ses parents, à abandonner sa femme et ses enfants affamés en Zélande à Middelburg, d'accepter le recrutement de la compagnie des Indes orientales et enfin d'être le chef des fermiers insurgés. Elle a l'âme de Barbier en bride.

Au fond, Rosette comme Jeanne est une projection de l'esprit torturé et assaillit du prisonnier Barbier qui crée de la sorte dans son fictif bouquin-ambassadeur des

---

[21] Sigmund Freud. *Essais de psychanalyse appliquée*. Paris : Gallimard, Collection Idées , 1971, p.170.

complices, des excuses et des objets de désir justifiant ses combats. Si Rosette est la transfiguration de son amour pour l'Azanie[22] qu'il veut posséder, découvrir et pénétrer, Jeanne demeure son subconscient Boers obnubilé par les conquêtes et les aventures. Rosette et Jeanne sont donc des personnages phénix du fait de leur aspect plutôt idéel.

Estienne Barbier, héros du récit, se révèle héraut de la justice. Il demeure convaincu de sa prédestinée de justicier. D'ailleurs, il souligne : « Je savais, j'avais toujours su que j'étais destiné à une sorte de grandeur. » (*TC*. p.63) Barbier, c'est le héros ressuscité, car venu, au Cap, servir la colonie, il était plein de préjugés. Il s'indignait du comportement esclavagiste des Burgers et traitait les indigènes d'espèces dépourvues de langue.

Aussi bien chez André Brink que chez Patrick Chamoiseau, les personnages phénix s'illustrent de par leur caractère atypique et leur ambition démesurée. Ainsi, à l'instar d'Estienne Barbier, Solibo Magnifique entre dans la postérité de par l'impact de sa personne et de ses idées sur ses concitoyens. En fait, Solibo, synthèse de la culture créole, est en réalité une voix. Virtuose de la parole, il magnétise les esprits et les cœurs, maîtrise les dialectes des Caraïbes, s'habille élégamment à la mode, charme et séduit les filles. En fait, Solibo fut un enfant de la rue abandonné par ses parents et sans identité officielle :

> *Par ici, on dit Solibo pour désigner la chute. [...] Quelques vielles du marché où il stationnait sa détresse le nommèrent Solibo, astuce de dire : nègre tombé au dernier cran- et sans échelle pour remonter.[...] C'est un vieux conteur (un brutal paroleur) qui, l'entendant un samedi au marché, le cria Magnifique.*[23]

Solibo était donc la parole, non pas au sens biblique, car c'est grâce à son art du conte qu'il acquiert une identité sociale. Quoique souvent ignoré par certain, Solibo détenait le pouvoir de la parole matrice de son aura. A ce sujet, Chamzibié renchérit : « Arcane d'indifférence et d'attentions, une partie du marché ralentissait à son écoute 'de vielles immortelles tendaient leurs bonnes oreilles approuvant de la tête chaque syllabe de ses mots'» (*SM*. p. 45)

---

[22] André Brink. *Le Mur de la peste*. Paris : Stock, 1984. L'Azanie y est l'appellation affectueuse de la grande Afrique du Sud ante apartheid.
[23] Patrick Chamoiseau. *Solibo Magnifique*. Paris: Gallimard, 1988.p. 78-79.Toutes nos références sont tirées de cette édition. Le sigle *SM* sera utilisé au cours du travail.

De par leur voix Solibo comme Rosette domptait cœurs, animaux et éléments. Rosette crée un monde *(SM. p.413)* et Solibo protège et sauve ses concitoyens par la parole. Au marché de Fort-de-France, il apprivoise un serpent qui tétanisait tout le monde en semant panique et terreur *(SM.* p.75), à la ferme, il dompte un cochon en furie. Le marqueur de parole Chamzibié exulte : « Là j'étais estébécoué ! Je ne me rappelle pas ce qu'il avait dit au cochon, mais sans mots, ni parole, devant l'animal, Solibo était une voix. »[24] *(TC.* P.81) Ce pouvoir s'exprimait aussi par son caractère protéiforme : « Je ne me nouerai jamais. Dans l'eau, je deviens eau, devant la vague je suis une vague. Je ne me brulerai pas non plus, car le feu n'enflamme pas le feu. » *(TC.* p.70)

Solibo est l'épine dorsale de la vie et de l'existence des Créoles, comme il est souligné : « Cet homme était la vibration d'un monde finissant »*(TC.* p. 127). Tous se reconnaissaient en lui. Solibo, plus qu'un personnage charismatique[25] au sens ou l'entend Max Weber, est le nœud d'une projection d'aspiration et d'existence. C'est ce qui justifie l'attrait envahissant de sa prestation nocturne le jour du carnaval. Le jeune Ti-cham, témoin et narrateur du récit, confesse à la police : « C'est presque symbolique que je fusse là pour la dernière parole du Magnifique.» *(TC.* p. 170) Solibo, quoique raillant l'écriture, demeure convaincu qu'elle est le lien entre les générations : « Je parlais, mais toi tu écris en annonçant que tu viens de la parole. Tu me donne la main par-dessus la distance.» *(TC.* p. 53) Le décalage verbal de l'imparfait vers le présent suggère une acception de l'évolution de la culture qui sera dorénavant consignée par écrit. Solibo se rend tacitement à cette évidence. Les paroles de Solibo ont germé dans l'esprit de ses concitoyens et demeurent sauvegardées par l'écriture qui survit à la parole. Barbier comme Solibo concentre en eux l'espoir. Si Solibo Magnifique est un symbole, Estienne Barbier est lui un personnage-référentiel[26] ; autrement dit, il a existé en tant que personne ayant marquée l'histoire du pays. Ces personnages phénix, qu'ils soient des aspirations, des symboles ou des référents historiques, ont une nette influence sur le devenir de leur société. De fait leur mort marque toujours un déclic.

---

[25] Max Weber. *Le savant et le politique*. Paris : U.G.E. 10/18, 1963 [1959], p.127. Max Weber distingue trois types d'autorité, plutôt conceptuelle. A chaque autorité il assimile un pouvoir. L'autorité traditionnelle (fondée sur la coutume), l'autorité charismatique (s'appuyant sur le charisme) et l'autorité légale rationnelle (basée sur la légitimité). Le pouvoir Charismatique fait du personnage l'objet d'une fascination, d'une dévotion et soumission aveugle. Il est mystifié par ses concitoyens.
[26] Philippe Hamon. « Pour une statut sémiologique du personnage ». in Roland Barthes et al. *Poétique du récit*. Paris : Seuil, Collection « Point », 1977, p. 144.

2-La mort stratégique

La mort stratégique renvoie à l'usage de la mort comme arme de combat. Et la stratégie, du grec *stratêgos*[27], de *stratos*, « armée », et de *agein*, « conduire », est sans conteste héritée des champs de bataille, et demeure irréductible à l'art de la guerre. De ce fait, est désormais qualifiée de « stratégie » toute démarche visant un objectif. Le mot devient alors synonyme de planification, programmation, gestion, décision rationnelle, méthode. Dans le *Tout au contraire* de Brink comme dans *Solibo Magnifique* de Patrick Chamoiseau, les auteurs utilisent la mort à des fins particulières. Elle sert une cause. Car derrière les narrateurs Estienne Barbier et Ticham ou Chamzibié, se cachent André Brink et Patrick Chamoiseau qui expriment insidieusement leurs idées. D'ailleurs, Gérard Genette note qu' « Au-delà du narrateur, il y a quelqu'un qui écrit et qui est responsable de tout son en deçà. Celui-là, c'est l'auteur »[28].

Chez André Brink, la mort est doublement utilisée. Premièrement, Estienne Barbier, du fait de son statut de personnage-référentiel, appréhende la mort comme l'affirmation et la consécration de sa vérité susceptible de décrédibiliser l'accusation du Gouverneur Hendrik Swellengrebel. Il refuse mordicus l'évasion proposée par Jeanne d'Arc : « Si je m'enfuis, je justifie cet homme mauvais et tout ce qu'il représente.» (*TC.* p. 200). Aussi accepte-t-il sa mort pour qu'éclose la vérité : « La justice doit bien exister quelque part. (...) Et je ne m'arrêterai pas avant de l'avoir vue réalisée.» (*TC.* p. 234) Barbier demeure ainsi convaincu que sa mort sera profitable à sa cause. Sa conduite rappelle celle de Socrate qui, en de pareilles circonstances, refusa la proposition de fuite de Criton. Sur la portée de son acte, Epictète mentionne : « Maintenant que Socrate est mort, sa mémoire n'en n'est pas moins utile aux hommes, ou même l'est beaucoup plus que tout ce qu'il a fait ou dit quand il vivait encore. »[29]

En fait, Barbier, pour rester fidèle à ses idées pour lesquelles certains de ses amis ont perdu la vie dont l'avocat Christian Petzold, il se rend personnellement pour être écartelé. En acceptant sa mort tout en refusant la fuite, Barbier, tel Socrate, confirme son attachement non seulement au terroir de Rosette, à la justice et mais surtout à son

---

[27] Pascal Reysset et Thierry Widemann. *La Pensée stratégique*. Paris: Presses Universitaires de France, 1997, p.5.
[28] Gérard Genette. *Nouveau discours du récit*. Paris : Seuil, Collection Poétique, 1983, p. 102.
[29] Epictète. *De la liberté*. Paris : Gallimard, 2005.p.89. Texte traduit du grec ancien par Joseph Souilhé.

innocence et au bien-fondé de ses idéo et revendications. Ici la mort est acceptée et apparaît donc comme la voix du triomphe, car la refuser en fuyant serait une lâcheté et une défaite. Deuxièmement, André Brink, à la différence de Patrick Chamoiseau, utilise la mort de son héros comme déclic d'une prise de conscience de la nécessité de lutter pour des valeurs telles que l'égalité. Le sang du martyr Barbier fera germer une nouvelle génération déterminée à poursuivre son combat. Cet usage stratégique de la mort apparait chez Chamoiseau avec un souci d'une autre nature. A la hantise du combat politique de Brink, s'impose et transparait dans *Solibo Magnifique*, le combat culturel. En effet, Patrick Chamoiseau n'utilise pas tel Brink un personnage historique réel, il utilise plutôt un personnage symbolique, c'est-à-dire étant l'idéal type des Caraïbes. Le Martiniquais fait de la mort de Solibo une nécessité. Moins par obligation, elle s'inscrit dans un dynamisme socioculturel indéniable. En fait, dans son processus de créolisation, la société caribéenne doit détruire le complexe de Caliban[30], s'affranchir de la « lactification »,[31] quitter le stade Solibo qui est maître de la parole pour atteindre l'ère de la créolité. Ainsi, chez les deux romanciers, la mort devient un moyen pour atteindre des objectifs dissimulés ou avoués.

Chez Barbier, la mort revêt une double dimension. Elle lui permet, d'une part d'être constant et de refuser la soumission et la traitrise et d'autre part de paraître comme l'unique clef pour obtenir l'indulgence de Rosette et entrer dans sa grâce. Autrement dit, elle est le tribut à payer pour effacer la haine des Hottentotes envers les Afrikaners. L'un des ultimes combats de Barbier, outre la lutte des fermiers qu'il dirige contre la corruption du gouvernement, est de s'acharner à obtenir la sympathie des *Kaffrs* humiliés par les *Baas* (Maîtres), afin de créer une société harmonieuse de tolérance et de paix. Il scande ces mots prophétiques : « Pardonnez-moi (…) Nous avons besoin de tout l'un de l'autre. J'étais présent à trop de massacres. Sans pardon cela ne peut pas finir. »[32] Cette stratégie fondée sur la supplication sincère prouve non seulement le désir d'un changement mais augure aussi une harmonie sociale bâtie sur la confiance mutuelle et l'égalité des races.

De ce fait, la mort est ainsi utilisée doublement pour la création d'un avenir de paix, de justice et d'harmonie. Cependant, derrière ces deux démentions, nous découvrons un destin et un subterfuge. En fait, la mort acceptée de Barbier,

---

[30] Victoria Curiel. « Littérature anglophone de la caraïbe ». Caraïbes : un monde à partager. *Cultures Sud*. N°168. *Notre librairie revue des littératures d'Afrique, des Caraïbes et de l'océan Indien*. Janvier-mars 2008.pp166-175. « Caliban a été l'habitant opprimé des iles colonisées, héritier d'un passé traumatique »p.172
[31] Maryse condé. *Op. Cit.* P.48. Terme forgé par Frantz Fanon, la « lactification », summum du complexe d'infériorité raciale, signifie le désir inouï du Noir de ressembler voire de devenir Blanc.
[32] Idem. p.408

personnage historique, était son objectif pour maintenir ses positions et la seconde mort est celle créée par Brink pour susciter la mort de l'arrogance et prêcher le pardon et la réconciliation afin de désarçonner le vicieux système d'apartheid. A cet effet, il écrit :

> *Au nom de ma race, je m'adresse à la vôtre, avec laquelle nous avons eu une longue expérience de douleur. A la place partageons notre humanité. Partageons l'espoir. Nous avons vu que vous regardiez avec horreur et tristesse la tragédie de notre passée. Brisons maintenant pour l'amour de Dieu, pour l'amour de cette terre, brisons le cycle de la haine et la vengeance*[33].

Cet appel, cette prière de Barbier qui dissimule mal la voix d'André Brink aboutit et même facilite la création de la nation arc-en-ciel. Si Barbier a une conception exacte et imminente de sa mort et prend ainsi le soin de rédiger une lettre-ambassadrice tel Ovide, tel n'est pas le cas de Solibo Magnifique qui est surpris par la mort en plein séance de conte. Toutefois, malgré cette surprise fatale, il avait su transmettre au marqueur de parole – Ti-Cham - son héritier- l'essentiel de ses dires. Le style de chaque écrivain dévoile véritablement cette mort stratégique.

3-L'esthétique de la mort

L'esthétique de la mort-renaissance sous-tend la manière dont les écrivains ont appréhendé cette forme de mort. Dans les deux romans, l'écriture, surtout la parole écrite par opposition à la parole proférée, renferme une certaine renaissance, une prolongation renouvelée de la parole. Que ce soit chez le Sud-africain André Brink ou chez le Martiniquais Patrick Chamoiseau, l'écriture constitue une sorte de témoignage, un réservoir de vérité. Plongés au cœur de la mort ou hantés par elle, les narrateurs-témoins péridiégétiques [34], Estienne Barbier dans le *Tout au contraire* et Ti-cham dans le *Solibo Magnifique*, font de leur récit des soupapes d'injustice et des greniers de vérité. Barbier écrit pour contrer « la vérité officielle » des juges et Ti-cham fait de son récit un contre rapport détaillé sur la vie de Solibo qui rectifie ou

---

[33] Idem. pp. 415-416.
[34] Gérard-Dénis Farcy. *Lexique de la critique*. Paris : Presses Universitaire de France, 1991, p.67. Par narrateur-témoin péridiégétique il faut entendre le personnage du roman qui informe, éclaire et arrange les divers plans structurant le récit et participe à l'action.

dément les égarements et les grossièretés du procès-verbal de l'officier de police Evariste Pilon. Chez l'un comme chez l'autre, l'œuvre opère, tel chez Ovide une mission d'ambassade. A la différence d'Ovide qui implore une clémence, Estienne Barbier tout comme Ti-cham écrit pour rétablir la vérité et édifier la génération future. Estienne Barbier note fièrement : « Je suis responsable pour l'avenir ».(*TC*. p. 20) Quant à lui, le marqueur de parole consigne les dires du Magnifique pour rendre hommage à son mentor. Il souligne : « Mystère sur mon devenir si le personnage de Solibo Magnifique n'avait réveillé ma vielle curiosité, me permettant ainsi, à travers lui de retrouver une logique d'écriture. » *TC*. p. 44) En somme, dans les deux univers romanesques, l'écriture apparaît comme un véritable passeur de sens. Les récits retracent non seulement la vie des héros, mais dévoile leur constance.

En plus, l'existence post mortem (l'idée de renaissance) s'exprime dans les œuvres par l'aspect cyclique des récits qui suggère non pas l'évolution linéaire et distante, mais une révolution sidérale, une renaissance. Au Cap, le récit s'ouvre sur l'antichambre de la mort, tandis qu'à Fort-de-France l'incipit présente une scène mortuaire sous l'œil inquisiteur des policiers. Ici comme ailleurs, la narration évolue en analepse souvent par récits enchâssés et registre de langues entremêlés. Chez Brink, la condamnation de d'Estienne Barbier (« Attaché à une croix, dit le verdict, la main droite et la tête détachées du corps.» (*TC*. p. 15) sert de déclic pour revenir sur toute la vie du héros.

Ainsi, de façon souvent anarchique, Barbier revient sur son enfance, ses misères en Europe, son recrutement par la compagnie des Indes orientales à Amsterdam, son service militaire, ses voyages dans le pays, ses déboires avec ses supérieurs, sa révolte à la tête des fermiers. Son récit est rythmé de contes, de nouvelles. Parallèlement, le récit de Chamoiseau, en commençant par la mort, se ferme par l'écroulement de Solibo asphyxié. La narration condense conte et récit et évolue sous forme de confession sur la vie de Solibo Magnifique que raconte chaque personnage sous l'interrogation de la police.

En outre, la culture de la mort-renaissance trouve son sens profond dans les œuvres par la fusion culturelle et linguistique qui structure et harmonise la narration. Au-delà des revendications politiques, les écrivains utilisent la mort-renaissance pour imposer la nécessité de détruire certaines conceptions et d'harmoniser une nouvelle culture fondée sur la fusion et la cohabitation. Dans le récit d'André Brink, s'entremêlent latin, afrikaans et langue soutenue. L'œuvre fait une apologie de l'unité des cultures et des races. Pareillement, Patrick Chamoiseau fait cohabiter, dans sa narration créole, français familier et français académique. Le récit de Chamoiseau, qui est une consignation des paroles du Solibo, aspire à la fusion des dialectes caraïbes. Le narrateur Ti-cham révèle l'hybridité de cette langue atypique en ces termes : « Solibo Magnifique utilisait les quatre facettes de notre diglossie : la basilecte et l'acrolecte créole, la basilecte et l'acrolecte français, vibrionnant enracinement dans cette espace interlectal que je pensais être notre plus exacte réalité sociolinguistique.» (*TC*. p. 45) En réalité, le choix des protagonistes n'est pas gratuit. Solibo est plus un symbole qu'une personne. Il concentre en lui les comportements et attitudes des Caribéens. Il est le symbole des Caraïbes orales que doit supplanter la créolité plus structurée et identitaire. En fait, Chamoiseau est l'un des théoriciens de cette créolité qui redéfinit l'identité caribéenne et impose une nouvelle écriture en rupture cinglante contre la Doudouisme, la Négritude et l'Antillanité (de façon nuancée). La créolité décrète la spécificité identitaire en ces termes par l'affranchissement de toute influence extérieure : « Ni Amérindiens, ni Européens, ni Africains, ni Asiatiques, nous nous proclamons Créoles »[35]. L'œuvre littéraire, chez ces jeunes écrivains créoles, devient une transcription du parlée populaire. Ainsi au statut d'écrivain, surgit celui de « marqueur de parole ». De ce fait, la renaissance apparait moins par le rejet de l'oralité que par son écriture. Les Caraïbes se dotent d'une écriture particulière. Quant à, André Brink, il choisit le personnage historique de Barbier pour son aversion de l'injustice mais surtout pour son ouverture d'esprit et sa tolérance indispensable pour la création d'une nation arc-en-ciel.

Conclusion

En somme, tel Socrate, Estienne Barbier accepte sa condamnation à mort pour prouver le bien-fondé de son idéologie et l'importance de sa lutte. Barbier est conscient de sa situation d'homme en danger ; tel n'est pas le cas de Solibo Magnifique héros éponyme de Patrick Chamoiseau. Solibo, à l'instar de Molière qui meurt sur scène, est surpris par la mort en pleine séance de conte rythmée de Tam-tam et de chants. Il est mort « d'une égorgette de la parole ». Même si chez tous les deux auteurs, la mort ouvre et clôt les récits, sa conception par les héros diffère. Seuls les écrivains ont, à bien des égards, les mêmes appréhensions. Chez l'un comme chez l'autre, la mort est un fait littéraire avec une implication politico-culturelle notoire.

---

[35] Jean Bernabé, Patrick Chamoiseau et Raphaël Confiant. *Eloge de la créolité*. (1989) Paris : Gallimard, 1993. « La créolité est une spécificité ouverte. (…)L'exprimer c'est exprimer non une synthèse, pas simplement un métissage, ou n'importe quelle autre unicité. C'est exprimer une totalité kaléidoscopique, c'est-à-dire la conscience non totalitaire d'une diversité préservée ». P28.

Dans l'univers romanesque de Brink, le héros a conscience de sa mort et l'utilise à bon escient, par contre chez Chamoiseau, seul l'auteur exploite la mort à des fins particulières. En réalité, Solibo est plus un symbole représentant les caraïbes traditionnelles et orales qu'une personne de chair. Ainsi, sa mort est un prétexte pour fondre l'oralité dans l'écriture. Il fait émerger le nouveau créole avec langue et identité particulières. Ceci s'insère dans la logique de la littérature caribéenne qui est, selon Paola Ghinelli, « un vecteur non pas d'enfermement, mais d'ouverture, parce que l'évolution du monde, le phénomène de l'émigration font qu'elle accorde une place de plus en plus influente et parce qu'elle symbolise dans ses techniques d'écriture le métissage mondial rêvé du futur.[36] » Cette renaissance culturelle aspirée fait écho au renouvellement politico-idéologique en Afrique australe. Cette transmutation des esprits s'opère dans l'univers romanesque considéré par Nadine Gordimer comme le laboratoire,[37] par excellence. C'est dans le roman que s'expérimente donc l'éclosion de la « nation arc-en-ciel » sur les cendres de l'apartheid[38]. La mort-renaissance, instant de vérité, a permis, ainsi, de juguler la haine interraciale et de bâtir, dans les Caraïbes comme en Afrique australe, une politique et une culture d'harmonie, de pardon et de diversalité[39].

---

[36] **www.Google.fr**. Paola Ghinelli. « La trace dans la littérature caribéenne : du topos à la réflexion métalittéraire ». Page consulte le 12 mars 2012 à 11h 00mn.
[37] Yvonne Munnick. « Engagement, écriture Romanesque et identité africaine chez Nadine Gordimer ». *Nouvelles du Sud*, Octobre-novembre-décembre, 1993, n°19, pp.23-31.
[38] Odette Guitard. *L'apartheid*. Paris : Presses Universitaires de France, « Que sais-je », 1983.
[39] La diversalité c'est le processus de quête d'une culture unique à travers les multiples cultures sans minimiser ou négliger aucune. La diversalité récuse l'universalité qui fait des autres cultures le miroir de la culture européenne.

Bibliographie sélective

BRINK, André. *Tout au Contraire*. Traduction de Jean Guiloineau. Paris : Stock, 1994.
BRINK, André. *Le mur de la peste*. Paris : Stock, 1984.
CHAMOISEAU, Patrick. *Solibo Magnifique*. Paris: Gallimard, 1988.
ROUMAIN, Jacques. *Gouverneurs de la rosée*. Paris: Editeurs Français Réunis, 1946.
BARTHES, Roland et al. *Poétique du récit*. Paris : Seuil. Collection « Point », 1977.
BELVAUDE, Catherine. *Littératures d'Afrique Australe*. Paris : Silex, 1985,
BERNABE, Jean et al. *L'Eloge de la créolité*. Paris : Gallimard, 1993.
BRUNEL, Pierre et al. *Qu'est-ce que la littérature comparée*. Paris: Armand Colin, 1983.
CHIMOUM, Mosé ; CABAKULU, Mwamba. *Initiation à la recherche et au travail scientifique*. Saint-Louis : Xamal, 2001.
CURIEL, Victoria. « Littérature anglophone de la Caraïbe. » *Culture Sud. Notre librairie* , janvier-mars, 2008, pp.166-175.
CONDE, Maryse. *Le roman antillais*. Paris : Fernand Nathan, 1977.
DOUCET, Louis. *Les Antilles aujourd'hui*. Paris : Jaguar 1988 (4° édition) (1977 1°Edition)
FARCY, Gérard-Denis. *Lexique de la critique*. Paris : PUF, 1991.
FREUD, Sigmund. *Essais de psychanalyse appliquée*. Paris: Gallimard, 1971.
GENETTE, Gérard. *Nouveau discours du récit*. Paris : Seuil, collection « poétique », 1983.
GRIMAL. Pierre. *Dictionnaire de la mythologie grecque et romaine*. Paris :
GUITARD, Odette. *L'Apartheid*. Paris : Presses Universitaires de France, 1983.
MUNNICK, Yvonne. « Engagement, écriture romanesque et identité africaine chez Nadine Gordimer ». *L'Afrique littéraire,* n°75, 1985, pp. 23-31.
REYSSET, Pascal et WIDEMANN, Thierry. *La pensée stratégique*. Paris : PUF, 1997.
TODOROV, Tzevan. *Théorie de la littérature*. Paris : Seuil, 1965.
BRUNEL, Pierre. *Dictionnaire des mythes littéraires*. Paris : Le Rocher, 1988.
WEBER, Max. *Le savant et le politique*. Paris : UGE 10/18, 1963.
GHINELLI, Paola. « La trace dans la littérature caribéenne : du topos à la réflexion métalittéraire ». www.Google.frPage consulte le 12 mars 2012 à 11h 00mn.

Les héros et la Mort dans les épopées de Soundjata et de Gilgamesh

Alain Joseph SISSAO
Université de Ouagadougou
(Burkina Faso)

L'épopée est un genre qui met en scène la geste du héros pris dans une situation de défi. Lorsqu'on lit l'épopée de Soundjata[40], selon la version de Djibril Tamsir Niane, (Niane, 1960 : 157) on note que la mort est au centre de l'intrigue car la lutte du héros se situe dans une situation d'affrontement et de mort1. Mais ce qui est le plus marquant est surtout la mort générée par la conquête du pouvoir. L'épopée de Gilgamesh s'inscrit dans la même veine.

Ainsi notre travail consistera à faire une étude des manifestations de la mort dans Soundjata dans un premier temps et dans Gilgamesh dans un second temps. Ensuite, il s'agira de faire une étude comparée de la mort dans les deux épopées. Ce qui nous permettra de dégager un archétype de la mort. Il faut souligner qu'il s'agit dans cette étude de deux textes oraux retranscrits.

Notre méthodologie s'appuie sur le comparatisme notamment l'étude des structures narratives du texte. A ce niveau, notre grille d'analyse empruntera à la littérature orale notamment l'analyse des motifs et archétypes liés au sens de la quête des personnages dans le texte. Mais avant, il convient de jeter un regard sur les différentes formes d'expression de la mort.

1-La thématique de la mort dans la littérature

La mort est la fin de la vie terrestre qui peut résulter de la violence ou être naturelle. Dans les deux cas, la mort est la manifestation de l'interruption de la vie terrestre de l'individu.

Ainsi, on peut parler de mort d'un individu occasionnée par un autre individu dans le but de démontrer sa force. On parle aussi de mort d'Etats ou de déclin de royaumes. On peut multiplier ainsi les exemples.

---

[40] Il faut dire que l'histoire de Soundjata est comparable à celle d'Alexandre le Grand.

En matière de littérature, il est donc logique que ce soit le positivisme, résumé et aboutissement de l'idéologie capitaliste, qui ait accordé la plus grande importance à la « personne » de l'auteur. L'auteur règne encore dans les manuels d'histoire littéraire, les biographies d'écrivains, les interviews des magazines, et dans la conscience même des littérateurs soucieux de joindre, grâce à leur journal intime, leur personne et leur œuvre. L'image de la littérature que l'on peut trouver dans la culture courante est tyranniquement centrée sur l'auteur, sa personne, son histoire, ses goûts, ses passions. La critique consiste encore, la plupart du temps, à dire que l'œuvre de Baudelaire, c'est l'échec de l'homme Baudelaire ; celle de Van Gogh, c'est sa folie, celle de Tchaïkovski, c'est son vice. L'explication de l'œuvre est toujours cherchée du côté de celui qui l'a produite comme si, à travers l'allégorie plus ou moins transparente de la fiction, c'était toujours finalement la voix d'une seule et même personne, l'auteur, qui livrait sa confidence.

D'après Barthes, on postule l'auteur comme étant à la source du texte et l'on cherche à en rendre compte en termes d'intention, comme si le dernier mot de l'interprétation devait être donné au nom qui s'impose en caractères gras sur la couverture. Or, ce que Barthes recommande, c'est de faire l'économie de l'auteur comme principe explicatif. « La naissance du lecteur doit se payer de la mort de l'auteur ». Si un texte ne peut exister indépendamment de l'existence de celui qui l'a écrit - car comment aurait-il pu être rédigé? Il existe encore moins indépendamment de l'existence du lecteur qui le lit. Un texte n'existe que s'il est lu. En somme, le dernier mot revient non pas à celui qui l'a rédigé mais à celui qui le déchiffre. Ce n'est pas l'auteur qui crée son oeuvre. C'est le lecteur qui, à force de perpétuelles relectures, crée une Idée de l'œuvre, une Idée de l'auteur. Aussi, un écrit ne devient une partie de l'œuvre d'un auteur que s'il s'avère conforme à l'Idée que l'on se fait de l'œuvre et de l'auteur. Si demain on découvrait un manuscrit écrit de la main de Roland Barthes (l'homme) mais qui ne correspond pas au style de Barthes (l'écrivain) pourrait-il être délibérément omis de ses œuvres complètes (qui pour le coup ne le seraient plus) ? Ce n'est pas impossible. Le nom de l'auteur sert de désignateur de son travail. Dire avoir « lu tout Roland Barthes » signifie avoir lu l'écrivain, non l'homme. De même, découvrir que la mort de l'auteur est de la main d'un autre changerait la conception de Barthes-écrivain, mais pas de Barthes-l'homme. L'auteur est donc construit à partir de ses écrits, et non l'inverse. L'auteur n'est plus à l'origine du texte; celui-ci provient du langage lui-même. Le « je » qui s'exprime, c'est le langage, pas l'auteur. La Mort a été représentée en tant que figure anthropomorphe ou comme personnage fictif dans de nombreuses mythologies et cultures populaires. La personnification de la mort en tant qu'entité vivante, consciente et sensible, est liée à l'idée de la mort et à son poids historique et philosophique considérable. Selon les langues, elle est un personnage soit féminin, soit masculin. Elle est souvent représentée sous forme d'un squelette (ou d'un squelettoïde présentant quelques rares lambeaux de peau sur certains os).[41]

Dans le folklore occidental moderne, La Mort est généralement représentée comme un squelette portant une robe, une toge noire avec capuche et tenant éventuellement une grande faux. C'est la raison pour laquelle on l'appelle souvent « La Grande Faucheuse » ou tout simplement « La Faucheuse ». Ce symbole d'origine italienne est très présent durant tout le Moyen Âge et à la Renaissance, dans les peintures apocalyptiques et macabres comme celle de Pieter Bruegel l'Ancien (Le Triomphe de la Mort). À une époque où la peste noire faisait des ravages, la faucheuse représentait un être terrifiant venu happer les vivants d'un coup de lame. Les allégories de la mort ont été reprises maintes fois dans des œuvres plus récentes, notamment liées à la fantasy, avec la même symbolique qu'à leur origine. Au Moyen Âge, la Mort est imaginée comme un corps humain momifié ou en décomposition, qui deviendra plus tard le squelette vêtu d'une toge qui nous est familier. Inversement, La Mort est parfois représentée sous les traits d'une belle femme souvent vêtue de noir. La Mort est parfois représentée dans les œuvres de fiction et d'occultisme sous le nom d'Azraël, L'Ange de La Mort. Ainsi (le nom Azraël n'apparaît dans aucune version de la Bible mais existe dans le coran). À cause de l'intime lien entre le Temps, la vieillesse et La Mort, le Temps en tant que figure mythologique est parfois associé à La Mort. Un psychopompe est un esprit, une déité ou un être dont la tâche est de conduire les âmes récemment décédées dans l'autre monde. La représentation de la mort portant une faux remonte à l'image du titan grec Chronos. Celui-ci était fréquemment représenté en portant un globe surmonté d'une faux. Chronos est le père des dieux de l'Olympe, dont Zeus. Cependant, pour échapper à la malédiction lancée par son père Ouranos, il décide de dévorer ses enfants. Au sixième enfant, son épouse Rhéa, lassée de ces infanticides lui donne une pierre à manger à la place de l'enfant : Zeus. Ce dernier combat son père et en le frappant au ventre lui fait « vomir » les autres enfants, qui le renverseront plus tard. Exilé sur Terre, en qualité de simple mortel, il fonde une communauté agricole, désignée par les Anciens sous le nom d'Âge d'Or. De là viendrait l'attribut de la faux, outil qui symbolise les récoltes, et de cette manière les saisons qui rythment l'existence que Chronos a cru pouvoir

---

[41] Jean Paul MONGIN. *La Mort du divin Socrate*, Les petits Platons. 2010

maîtriser. Nous voyons que dans la mythologie grecque, la mort devient source d'inspiration.

Le thème de la mort a été récurent dans la littérature et ce depuis l'antiquité jusqu'à nos jours. La littérature qui est le domaine privilégié de l'expression de la condition humaine, a toujours réservé une place importante à la mort dans le traitement du drame de l'humanité. Si nous jetons un regard sur la littérature française, des œuvres se font l'écho de cette calamité, cette faucheuse. Si nous prenons *La mort du Loup* de Alfred de Vigny, la mort est l'expression du courage ultime devant l'incontournable, devant la raison du plus fort ou/et de l'injustice. Rappelons-nous le poème que Victor HUGO a dédié à sa fille Léopoldine tragiquement disparue dans le fleuve.

Plusieurs écrivains ont abordé le thème de la mort. Kafka, Céline, Artaud, Michaux, Fernando Pessoa, Ernesto Sabato, Dostoïevski, Boris Vian (*l'Ecume des jours*)...Et la liste reste longue, longue et inachevée. La liste de ceux qui en parlent a cela en commun avec celle de ses « élus » (ou victimes): elle est interminable!

Dans la littérature africaine, la thématique de la mort apparait à travers certaines œuvres. *l'Aventure Ambiguë* de Cheihk Hamidou Kane, avec la mort de Samba Diallo qui permet de dissiper toutes les contradictions qu'il a accumulées entre une civilisation africaine tournée vers la spiritualité et une civilisation occidentale qui a décrété la mort de Dieu.

Dans *Crépuscule des temps anciens* de Nazi Boni, c'est le héros Théré qui meurt empoisonné sous la férule de la traitrise du sorcier Lowan. Dans *Le mal de peau* de Monique Ilboudo, la mort de l'héroïne est une forme de retour impossible vers le passé. Dans *Le fils du Fétiche* de David Ananou, c'est la mort héroïque des amazones, symboles de fidélité à leur roi qu'elles accompagnent dans la tombe. Dans *La vie en rouge* de Vincent Ouattara, on assiste aussi à la mort du héros. Le mari de l'héroïne Yeli paiera le prix de la rigidité des coutumes et de l'amour à travers le sacrifice de sa vie.

La mort a été aussi chantée par des auteurs-compositeurs tels que Jacques Brel, Ferré et Georges Brassens pour ne citer que ceux-là... Ecoutons un peu, c'est toujours bon de voir cette fatalité à travers les yeux de ceux qui n'y trouvent rien d'aussi tragique, d'aussi... mortel!

Brel ne prend pas de gants! Il dit la mort crûment, sauvagement, brandissant brutalement sa laideur et révélant sereinement sa splendeur. Ainsi, nous dessine-t-il les traits de son dernier repas comme un cinéaste trace la fin d'un film: « Dans ma pipe, je brûlerai mes souvenirs d'enfance, mes rêves inachevés, mes restes d'espérance. Et je ne garderai, pour habiller mon âme, que l'idée d'un rosier et qu'un prénom de femme ».

Les expressions de la mort foisonnent dans les langues et cultures africaines, ainsi dans Kourouma, des expressions en malinké montrent l'euphémisme dans la désignation de la mort « Il y avait une semaine qu'avait fini Ibrahima Koné ». Cette expression vient du Bambara, « A bana » pour dire quelqu'un est décédé. « Il n'avait pas supporté un petit rhume ». En moore, la mort est si crainte qu'elle est désignée de façon métaphorique au niveau de l'expression. On dira en moore de quelqu'un qui est décédé « A leba a saambê »: Il est retourné chez ses ancêtres. Ecoutez la chanson du célèbre chanteur feu Georges Ouédraogo (I toogo I waodo » (douleur et froid) en hommage au Larlhé Naaba et vous comprendrez tous les ravages de cette grande faucheuse.

2-L'expression de la mort dans l'épopée de Soundjata

La mort est au centre de l'épopée Mandingue (Niane, 1960 : 157). Ainsi la mort commence dès le début du récit avec les pérégrinations des deux chasseurs à l'affût de la femme buffle qui meurt après pour permettre l'accomplissement de l'oracle. C'est la mort de cette femme buffle qui ouvre la voie à la naissance du héros. Le roi Naré Maghan Konaté était si beau que c'était presque l'offenser que de lui proposer pour femme, une fille laide et difforme. Mais les paroles du devin étaient plus fortes que la raison humaine. Ainsi, la prédiction s'accomplit et Sogolon donna naissance à Soundjata à la grande désolation de Sassouma Bérété la première femme du roi jalouse de Sogolon. En effet, Sassouma Bérété craignait pour la succession de son fils Dankaran Toumani Keïta. La violence est aussi physique et psychologique car Soundjata était devenu adolescent et ne marchait toujours pas. C'est ainsi qu'il était la risée non seulement de sa marâtre Sassouma Bérété (Mieux vaut un enfant qui marche sur ses deux jambes qu'un lion qui se traîne à terre) mais aussi des autres enfants du village. Le forgeron-devin rassura le roi Naré Maghan en lui disant que son enfant marchera et martela ce proverbe en guise d'argument force : « un fromager sort d'un grain minuscule ».

A peine, le roi, Naré Maghan eut-il expiré que Dankaran Toumani Keïta, le fils de Sassouma Bérété monta sur le trône évinçant son frère infirme. Sassouma Bérété enfonça le clou en narguant toujours la mère de Soundjata « Je connais un roi borgne, un roi boiteux, mais qui connaît un roi impuissant des deux jambes ». C'est ainsi que Soundjata et sa mère furent renvoyés dans l'arrière cour du palais pour qu'on ne les rencontre plus jamais. Le comble de l'affront fut le jour où la mère de Soundjata se vit vertement éconduire pour avoir demandé des feuilles de baobab pour préparer une sauce à ses enfants. « Demande donc plutôt à ton fils d'aller t'en cueillir » ricana Sassouma. Soundjata ordonna à son griot Balla Fasséké d'aller chercher chez le forgeron une canne en fer. On la lui ramena. Il s'arc-bouta, ses genoux se détachèrent de la poussière et dans un ultime effort, il se dressa sur ses deux jambes. Le roi du Manding venait de marcher et de réparer la violence morale des méchants.

Soundjata va plus tard s'exiler chez son oncle, le roi Farin Méma à Méma pour se réaliser, il apprendra l'art de la guerre et de la chasse. Comme le note Bassirou Dieng dans son ouvrage sur les épopées africaines, c'est le propre des héros que de s'exiler pour apprendre l'art de la guerre et de revenir pour accomplir leur mission prédestinée. Soundjata n'échappe pas à cet archétype du héros épique africain. Il se révélera comme un guerrier intrépide et courageux. Il mena ainsi des expéditions guerrières. Plus tard, Soumaro Kanté, dévasta le royaume de son père et évinça son frère Dankaran Toumani Keïta. Soundjata décida de répliquer par la conquête du pouvoir du royaume de son père. Le propre aussi du héros est d'affronter la mort de ses proches, Cela advint à Soundjata qui va enterrer sa mère avant d'aller combattre, c'est ce que Soundjata fera avant d'aller livrer bataille à Soumaro Kanté. Il se fit assister de grands stratèges comme Fakoli kun ba, le neveu de Soumaro Kanté ainsi que de sa soeur qui parvint à connaître le secret du roi Soumaro Kanté qui se trouve être l'ergot de coq blanc. C'est ainsi que celui-ci fut battu à la bataille de Krina en 1235 par Soundjata. C'est donc par une autre violence que Soundjata va parvenir au pourvoir. Cependant, il utilise à la différence de Soumaoro qui était cruel, la stratégie, les pactes et les alliances pour vaincre et pacifier son royaume. C'est d'ailleurs suite à cette bataille que la fameuse charte de Kurukan Fuga qui instituait la paix entre les villages et royaumes du Mandé fut édictée (Niane, 2008 : 162).

Ainsi, il apparait dans la trajectoire du parcours du héros qu'il assiste à la mort de ses proches, mais aussi il donne la mort à ses ennemis.

3-L'expression de la mort dans l'épopée de Gilgamesh

Comme nous le savons, l'Epopée de Gilgamesh est une œuvre littéraire, c'est la plus ancienne qui soit parvenue jusqu'à nous. Il s'agit d'un poème épique dont la version intégrale devrait comprendre trois mille vers. Nous n'en connaissons que les deux tiers, retrouvés sur des tablettes d'argile au cours de diverses fouilles archéologiques depuis un siècle et demie. La version la plus complète compte mille six cents vers rédigés en akkadien sur douze tablettes provient de la bibliothèque d'Assurbanipal (669-630 av. J.-C.) attribuée à Sînleqe'Unnenni, nom qui signifie en akkadien : « Dieu Sîn reçois ma prière ». D'autres fragments dispersés dans tout le moyen-Orient furent découverts, témoignant des multiples traductions et interprétations auxquelles donna lieu cette épopée durant deux millénaires, jusqu'à l'ère chrétienne. La Babylonie s'étendait sur la partie méridionale de ce qu'on appelle la Mésopotamie, correspondant à l'Irak actuel. C'est là qu'est apparue la première des grandes civilisations, dont le mythe de Gilgamesh est l'expression littéraire la plus ancienne et la plus durable. Il y avait deux groupes ethniques parmi tant d'autres qui ont marqué son histoire, l'un sémite (Nord Ouest de la Syrie appelé akkadien et l'autre (l'Iran actuel) appelé Sumérien. De ces deux peuples est née la civilisation mésopotamienne.

L'épopée de Gilgamesh est l'histoire du roi d'Uruk, une de ces cités-Etats, dont il aurait construit les remparts. La liste sumérienne des Rois rédigée au début du IIème millénaire distingue une période préhistorique qui précède le déluge et une autre, historique, qui succède au cataclysme. Dans ce catalogue, Gilgamesh occupe la cinquième place de la première dynastie après le déluge, et règne sur Uruk vers 2600 av. J.-C. Il serait donc un roi « historique », ayant vraiment existé, mais la légende en fait un être à la fois humain et divin.

Gilgamesh a influencé la mythologie grecque, l'Iliade et surtout l'Odyssée. Gilgamesh est le prototype d'Héraclès qui vainc le Lion de Némée et le Taureau de Crète. Les pleurs d'Achille sur son ami Patrocle font penser à ceux de Gilgamesh sur Endiku.

Gilgamesh est un héros, et souvent un anti-héros, qui incarne la dimension à la fois tragique et dérisoire de l'être humain en quête d'une vie inaccessible, désirant échapper à la mort. La disparition prématurée (mort) de son ami Endiku exacerbe cette angoisse et il va jusqu'au bout du monde rencontrer Ut-Napishtim. Cette volonté de l'homme à vouloir vaincre la mort et à chercher désespérément à donner un sens à son existence est la source des croyances qui conduisent aux religions monothéistes.

Le récit de Gilgamesh s'ouvre sur la cité d'Uruk avec ses murailles impressionnantes.

Au départ Gilgamesh est violent, il sillonnait la cité Uruk en faisant étalage de sa force tel un tyran, il opprimait les guerriers de la cité et leur donnait la mort. Même les plus braves tremblaient en secret. La rumeur disait que Gilgamesh ne laissait pas un fils à son père, une adolescente à sa mère, il pouvait se déchaîner contre eux, il ne pouvait pas maîtriser sa violence instinctive. Les plaintes du peuple parvinrent aux dieux qui envoyèrent l'égal de Gilgamesh, Endiku afin qu'il retrouve sa quiétude. Endiku était valeureux avec une chevelure de femmes aux boucles foisonnantes comme un champ de seigle. Il vivait à l'état sauvage. Endiku connaît aussi les extases de l'amour avec la joyeuse apportée par l'habitant de la cité. Il connait le langage des hommes et décida d'aller se mesurer à Gilgamesh. Ainsi à la violence sexuelle succède la violence physique qui ouvre le duel entre les deux héros. Gilgamesh a la bénédiction des dieux Anu, Enlil et Ea.

C'est la mère de Gilgamesh, Ninsuna la bufflesse qui interprète son rêve en lui disant qu'il lui arrive un compagnon qui sera son égal, un être puissant qui lui sera d'un grand secours. Le combat entre Gilgamesh et Endiku commença à la noce. C'est un spectacle époustouflant « Dans la lutte, ils démolirent le seuil, arrachèrent les jambages et firent trembler les murs. (p.39). Face à leur invincibilité mutuelle, ils lient un pacte : « c'est un être d'exception que ta mère Ninsuna la Buffesse, a mis au monde. On a élevé ta tête au-dessus de celles des autres hommes, même de ceux qu'on s'apprête à marier. Enlil t'a assigné la royauté sur tous les peuples » (p.39)

Ils décident d'aller ensemble dans la forêt de Cèdres, demeure de Humbaba; l'ogre chargé par les dieux Tempêtes d'en être le gardien féroce.

Les artisans forgerons vont fondre du fer pour créer des armes à la mesure de ces géants. Ils coulèrent des haches et des cognées de soixante kilos chacune, des épées et des baudriers du même poids. Les deux hommes porteraient trois cent kilos d'armes chacun. En cours de route, Gilgamesh fait des rêves qu'Endiku interprète pour lui.

Le combat commence dans la forêt après des jours de marches et des nuits. Humbaba dit à Gilgamesh ceci : « Des fous et des inconscients t'auraient-ils conseillé, Gilgamesh de venir m'affronter? Et toi Endiku qui n'est qu'un enfant trouvé, semblable aux œufs des poissons.... » (p.58). Le combat est à la limite de la mort : « affrontant Humbaba, il le frappa à la tête. Ils piétinaient le sol, le martelaient de leurs talons, disloquant par leurs saccades l'Hermon et le Liban, au point qu'ils finirent par créer une crevasse profonde qu'on appelle « la grande fosse syrienne ». La nuée claire devint sombre; comme un brouillard, la mort les enveloppait. » (p.59). Humbaba tente d'amadouer Gilgamesh mais Endiku le met en garde de continuer et de ne pas tomber dans son piège. Face à la fatigue de Gilgamesh, c'est Endiku qui prend le flambeau, le combat est rude et violent : il dégaina à cinq reprises, tandis que Humbaba bondissait pour lui échapper. Il finit par le tuer à coup de pique. Aussitôt d'épaisses ténèbres s'abattirent sur la montagne » (p.62). Ils s'emparèrent des armes et se mirent à abattre les cèdres dans la forêt. Au retour de son expédition, Ishtar veut épouser Gilgamesh qui refuse l'union, alors elle demande un pouvoir à son père pour détruire Gilgamesh. Anu créa le taureau forma son corps et le remit à sa fille. Le taureau Céleste descendit dans Uruk et détruisit la ville et tua tous ses habitants. La mort frappa les proches de Gilgamesh. Endiku tombe dans la crevasse et en ressort. La violence amoureuse entraine le malheur et Endiku dit à son ami : « Gilgamesh nous nous sommes sortis de la forêt de Cèdre, mais comment faire face à ce nouveau péril, comment répondrons- nous aux Anciens d'Uruk » (p.69).

Ils arrivent à abattre le taureau et le livrent en offrande à Samash. Dans ce passage, Gilgamesh et Endiku donnent la mort pour vaincre la mort des proches.

Finalement, Endiku fait un rêve funeste, il en parle à Gilgamesh qui comprend que c'est un songe irréparable. Quelques temps après, Endiku tombe malade et meurt. C'est encore la mort qui frappe l'alter ego du héros. Gilgamesh alors tombe dans la désolation, le deuil et une profonde tristesse inconsolable. : « Pleurez Endiku, vous ses parents. Et moi aussi je te pleure! »p.84

Dans son deuil, il porte une peau en tenue de sacrifice et rentre dans la forêt. Il va rencontrer l'homme Scorpion.

Le reste du récit repose sur les questions de Gilgamesh qui veut percer le secret de l'éternité, de la mort. Il revient célébrer le reste des funérailles d'Endiku avec son peuple inconsolable de la perte de l'ami de leur souverain.

4-Etude comparative de la mort dans les deux épopées

Comme dans Soundjata, fils de la femme buffle (Sogolon) et du roi Lion (Naré Maghan), Gilgamesh est le fils de Lugalbanda et de Ninsuma la bufflesse, être éblouissant à la force supérieure. Nous voyons que dans les deux récits, on insiste sur la mort des adjuvants des héros, la bufflesse ou femme buffle (Soundjata), et Endiku (Gilgamesh) qui détiennent des pouvoirs divins et extraordinaires qui permettent aux deux héros d'être invincibles.

On voit que dans les deux récits, la place du peuple est très importante. Soundjata est aimé par son peuple, cela aussi s'observe chez Gilgamesh car son peuple communie avec lui pendant le deuil qui va le frapper à la mort d'Endiku, son frère protecteur.

Dans les deux épopées, on voit aussi une place centrale réservée à la lutte que les deux héros livrent à leurs adversaires pour s'affranchir de leur violence. Dans Soundjata, la bataille de Krina permet à Soundjata de battre son adversaire. La bataille finale de Gilgamesh et Endiku leur permet de vaincre les forces telluriques et adversaires téméraires. Ils ont la protection des dieux ainsi que les actes de vaticination contre les forces maléfiques. Soundjata est protégé par les forgerons, quant à Gilgamesh et Endiku, ils sont protégés par les dieux qui les rendent invincibles (Anu, Enlil, Ea). Avant chaque expédition, ils s'assurent la protection de leur mère et des dieux. C'est ce que Soundjata fait aussi avant de livrer bataille à Soumaoro Kanté, il s'assure les bénédictions et les forces occultes de puissants devins. Il a comme adjuvant Fakoli kun ba qui l'aide dans le combat et aussi sa sœur qui l'aide à connaître le secret de Soumaro Kanté, l'ergot de coq blanc.

Les deux héros sont guidés par des sentiments nobles, ceux de rétablir l'ordre et de reconquérir leur royaume à travers la spoliation dont il a été la victime pour Soundjata, tandis que Gilgamesh est à la recherche de ce qu'on peut appeler la justice notamment l'éradication des forces maléfiques qui parsèment la contrée. De plus, Gilgamesh a des adjuvants notamment Endiku ainsi que sa mère qui le guide spirituellement. De même que les adjuvants de Soundjata sont sa mère Sogolon qui le protège par ses pouvoirs mystiques, sa sœur qui va perdre soumaro Kanté, le griot Balla Fasséké ainsi que Fakoli et beaucoup d'autres personnages, soldats, populations qui l'admirent et gravitent autour du héros Soundjata jusqu'à la bataille de Kirina ainsi que la pacification.

Conclusion

Au terme de cet article, nous avons essayé de montrer les manifestations de la mort dans deux épopées l'une africaine, l'autre babylonienne. On perçoit bien que la mort ponctue le parcours des héros, ils la subissent et en font recours pour se réaliser et vaincre l'ennemi. Une petite étude comparative des deux épopées a permis de faire ressortir des identités culturelles dans le traitement de la mort. Ce qui montre bien que malgré les distances géographiques, et temporelles (époques), des convergences culturelles permettent de rapprocher les deux récits.

L'étude a permis de mettre en exergue la mort de personnages épiques, êtres surnaturels Endiku frère jumeau de Gilgamesh et un roi Soumahoro Kanté en l'occurrence. La mort d'Endiku est un sacrifice pour l'accomplissement spirituel et moral de son frère jumeau, c'est l'adjuvant qui lui permet d'affronter les forces telluriques maléfiques et nuisibles. Pour Soundjata, il s'agit de lutter contre l'adversité naturelle liée à son handicap physique et surtout de vaincre son adversaire en donnant la mort à un imposteur qui a annexé le royaume de son père. Il lutte avec pugnacité pour reconquérir son royaume et instaurer la paix dans le Mandé.

Au total, nous avons pu montrer que les deux épopées avaient des spécificités mais aussi des convergences, notamment des valeurs communes, dans le traitement de la mort ce qui montre que cette thématique dans ces deux récits, pouvaient être sublimées pour nourrir la création littéraire.

Bibliographie

Monographie

CABAKULU, Mwamba. — *Dictionnaire des proverbes africains*. Paris : L'Harmattan-ACIVA, 1992, 304 p.
MOUMOUNI, ABDOU. *L'Education en Afrique*. Paris: Présence Africaine, 1998.
MOUNKAILA, FATIMATA. *Anthologie de la littérature orale Songhay-Zarma, saveurs sahéliennes, T1, T2, T3, Histoires, éthique, et idéal : chroniques épopées, contes et fables édifiantes*. Paris : L'Harmattan, 2008
NIANE, DJIBRIL. *Soundjata ou l'épopée Madingue*. Présence Africaine. Paris : 1960, 157p.
SCHEER, LÉO. *Gilgames*. Edition Léo Scheer, 2006; 152p.

Articles

DIENG, BASSIROU. « Famille et pouvoir dans l'épopée wolof ». In : *Médiévales 28* (2003): 43-67.
KESTELOOT, LILYAN. « Les épopées de l'Ouest africain ». In : *Présence Africaine*, n°58, 2è trim. (1996): 204-209
OUEDRAOGO, ALBERT. « L'Epopée des Moose ou la problématique quête de l'identité nationale ». In : *Tradition et modernité*, N°08, janvier-février (1997) : 18
PLATIEL, SUZANNE. « Les contes de l'enfant terrible dans la littérature orale San. ». In : Veronika Görög et al. *Histoires d'enfants terribles*. Paris: Maisoneuve et Larose, 1980.
SEYDOU, CHRISTIANE: « Comment définir le genre épique ? Un exemple : l'épopée africaine». In: *JASO Journal of the Anthroplogical Society of Oxford*, Volume XIII, n°1, Hilary, (1982): 84-98 439

TANDINA OUSMANE, « Violence dans le conte Sarzané, *in colloque international Epopées et violences dans les traditions populaires d'Afrique et d'Europe*, 24-27 janvier 2010 Université Abdou Moumouni

Thèses
SISSAO ALAIN JOSEPH, *La littérature orale moaaga comme source d'inspiration de quelques romans burkinabè*, thèse de doctorat, Université Paris XII Val de Marne, 1995, 732p.
Autres documents
COMMELIN, Pierre Maréchaux, *Mythologie grecque et romaine*, Paris, éd. Nathan, coll. Lettres Sup, 2002
Toutes les traductions de la Bible proviennent de la Bible de Jérusalem, Paris, éditions du Cerf, 2001
Une traduction par Mohamed Al Fateh est disponible aux éditions Iqra.

Aspects de la mort chez les Beti (Cameroun). Analyse sémiologique de quelques chants funèbres

Auguste OWONO-KOUMA
Ecole Normale Supérieure
de Yaoundé (Cameroun)

Le chant fait partie des genres de la littérature orale. Forme d'expression privilégiée d'un individu ou d'un groupe social et témoin privilégié des péripéties qui jalonnent le parcours terrestre de l'homme, le chant est indissociable de la vie. Dans ce sens, Jean-Baptiste Obama a pu dire qu'en Afrique « on naît en musique, on se marie en musique, on meurt en musique. »[42] Le chant entretient des rapports étroits avec la poésie, qu'elle soit orale et/ou écrite[43]. Ces rapports sont plus étroits encore en littérature orale africaine où la plupart des langues sont des langues à tons[44]. Le chant comprend une variété de sous-genres que l'on peut répartir en deux grandes catégories : les chants de la vie quotidienne[45] qui ont trait aux activités telles que l'agriculture, l'élevage, la pêche, le marché, les réunions, les jeux d'enfants et/ou d'adultes, les travaux forcés, la guerre, les soirées récréatives/veillées ; et ceux des cérémonies traditionnelles[7] qui renvoient pour la plupart aux rituels mis en œuvre lors des naissances, des mariages, des deuils, des funérailles.

Les chants funèbres, quant à eux, peuvent se définir comme des berceuses exécutées lors des veillées mortuaires. Chez les Beti du Cameroun, l'on a coutume de bercer les défunts[46]. Nous avons exclu cependant de notre propos aussi bien les plaintes ou lamentations funèbres des survivants et les chants de louange ou de raillerie adressés au défunt que les messages tambourinés qui nécessitent une

---

[42] Jean-Baptiste Obama. « La musique africaine traditionnelle. Ses fonctions sociales et sa signification philosophique ». In : *Abbia*, 12- 13, p. 290.
[43] Guy Erismann. « Un exemple : la chanson en France ». In : *Encyclopædia Universalis*, t. 5, p. 358.
[44] L.-S. Senghor définit les langues à tons comme celles « où chaque syllabe possède sa hauteur, son intensité et sa durée propres [et] où chaque mot peut être traduit par une note musicale ». Préface à *Anthologie de la vie africaine* de Herbert Pepper, citée par Jean-Baptiste Obama, *loc. cit.*, p. 276. Prosper Abega définit le ton en *ewondo* comme la « hauteur relative avec laquelle une syllabe est prononcée et qui contribue à la saisie du sens du mot ». Cf.*Tonologie de la langue ewondo*, p. 8.
[45] Nous empruntons cette répartition générale à Jacques Chevrier, *Littérature nègre*, p. 195.
[46] D'où l'expression *mfóló mbim*. Cf. Philippe Laburthe-Tolra, *Initiation et société secrètes au Cameroun*, p. 188.

initiation au décodage des paroles attribuées au tam-tam funèbre. En revanche, nous avons privilégié le « texte oral »[47] entendu comme énoncé linguistique organisé. Il s'agira de scruter l'imaginaire des chants funèbres *beti* à travers les énoncés linguistiques qui leur servent de support.

Cette étude s'articule autour de la question de savoir si le contexte ludique/récréatif dans lequel le chant funèbre *beti* est généré et le ton badin qui le caractérise généralement peuvent nous amener à conclure à sa gratuité. Nous nous sommes intéressé à la raison d'être du chant funèbre *beti* au plan culturel en nous demandant notamment s'il parle de la mort. Si oui, qu'est-ce qu'il en dit ? Ce questionnement conduira, nous l'espérons, à la découverte de ce que cache et/ou véhicule le chant funèbre *beti* et peut-être aussi à l'élucidation de sa signification.

Pour ce faire, il nous est judicieux d'appuyer notre démarche sur la notion sémiotique de connotation non seulement parce qu'elle est présentée comme « un instrument d'analyse des textes », mais aussi et surtout parce qu'elle « ouvre [...] le texte sur autre chose que lui-même »[48]. La connotation se définit comme l'ensemble des « valeurs additionnelles, secondes, périphériques », des « informations subsidiaires »[49] qui se greffent sur la signification dénotative d'un terme. Pour Greimas et Courtés, il s'agit d'une « sous-classe des effets de sens »[50] produits par une formation signifiante. Cela revient à dire que la connotation va au-delà de la dénotation, sans pour autant la réfuter. C'est un sens qui est, volontairement ou non, donné en plus de la dénotation ; d'où l'expression « signification seconde ». L'on comprend pourquoi il est dit que la connotation permet d'aller en profondeur, le « sens ne se prélev[ant] pas à la surface du texte »[51].

Alors que le signifié de dénotation est explicite, patent, presque irréfutable, le signifié de connotation, latent, participe lui de la « suggestion »[52]. Cela rend son décodage aléatoire, subjectif du fait de la place de l'interprétation dans l'exploration du suggéré, c'est-à-dire du non-asserté. Dans notre interprétation du mécanisme

---

[47] Parce que la notion de « texte oral » relève, selon lui, du paradoxe - la littérature n'existant, à son avis, qu'en tant qu'elle est écriture -, Hubert Mono Ndjana dénie toute existence à la littérature orale. Cf. *Paradoxes. Essai sur les contradictions du sens commun*. L'écriture n'est pas la condition d'existence nécessaire et suffisante de la littérature. Saussure faisait remarquer: « Langue [l'oral] et écriture sont deux systèmes de signes distincts ; l'unique raison d'être du second est de représenter le premier ». In : *Cours de linguistique générale*, p. 45.

[48] Marie-Noëlle Gary-Prieur. « La notion de connotation(s) ». In : *Littérature*, 4, pp. 96 et 102.
[49] C. Kerbrat-Orecchioni, *La Connotation*, pp. 12 et 15.
[50] A. J. Greimas et J. Courtés, *op. cit*, t. 2, p. 52.
[51] Jean-Claude Coquet, « Sémiotiques » in *Langages*, 31, p. 4.
[52] C. Kerbrat-Orecchioni, *op. cit*, p. 17.

connotatif, il ne s'agira donc pas de vérité, mais de validité. Tous les sens seront possibles, pourvu que la dénotation les admette. C'est du reste la raison pour laquelle les connotations passent pour être plurielles, c'est-à-dire polysémiques.

Les informations secondaires auxquelles renvoie l'audition des chants funèbres *beti* analysés ici[53] sont relatives à la fois aux croyances et aux représentations.

I – Chants funèbres *beti* et croyances

Parce que les chants étudiés sont populaires, nous donnerons du terme « croyance » cette définition élémentaire empruntée à Paul Ricœur :

> *On entend par croyance, chez un individu, un groupe, un peuple, une civilisation, une époque, l'objet même de la persuasion commune ou de la conviction intime ; la croyance, c'est être persuadé qu'une chose est vraie, réelle, on désignera communément par croyance les diverses conceptions de la réalité qui sont ainsi professées* [54]. (mis en relief dans le texte.)

Pour l'écrivain allemand Johann Gottfried (1744-1803) qui s'est intéressé à la littérature populaire, les croyances qu'elle véhicule ne se fondent ni sur un savoir précis ni sur une preuve matérielle/palpable. Il écrit : « On croit parce qu'on ne sait pas, on rêve parce qu'on ne voit pas. »[55] Les croyances sont donc, quelle que soit la profondeur de la conviction, du domaine des conjectures et non des certitudes.

C'est pourquoi les croyances que nous nous sommes employé à dégager des chants funèbres *beti* résultent de nos efforts de décryptage des contenus implicites que comportent leurs énoncés linguistiques. Nous nous sommes servi de la notion d'inférence contenue dans la connotation dans la mesure où, dit Paul Ricœur, « ce qu'une phrase "suggère" est [...] ce que nous pouvons *inférer* que le locuteur probablement *croit*. »[56](mis en relief par nous).Les croyances dont il est question dans cette première partie du travail font état de l'existence d'un au-delà et des interventions des défunts en faveur des vivants.

---

[53] La dizaine de chants recueillis figurent en annexe, avec une traduction française de nous. Les chiffres romains réfèrent aux chants et les chiffres arabes aux vers qui les composent.
[54] P. Ricœur. « Croyance ». In : *Encyclopædia Universalis*. t. 6, p. 871.
[55] J.G. Herder. cité par Nicole Belmont, « Folklore ». In : *Encyclopædia Universalis*, t. 9, p. 602.
[56] P. Ricœur. *La Métaphore vive*. Cité par C. Kerbrat-Orecchioni. *La Connotation*. p. 162.

1-1. L'au-delà

L'audition des chants funèbres *beti* fait croire en l'existence d'un au-delà, en une vie après la mort. Les chants analysés foisonnent en effet d'éléments militant en faveur de cette thèse.

Ce sont d'abord les verbes utilisés. Il s'agit, pour l'essentiel, des verbes d'état et des verbes de mouvement. Il est normal, lorsqu'on parle des défunts[57], de recourir aux verbes d'état ou de position qui traduisent *a priori* l'absence de vie qu'implique le phénomène de la mort. Mais les verbes d'état et de position fonctionnant dans le chant funèbre *beti* font plutôt penser à la vie et à des hommes en vie. Dans le chant VI, il est demandé à un ancêtre[58] de venir chercher un mort qui a peur de se rendre seul chez les *bəkón* (= revenants). Pour lui indiquer les divers endroits où attend successivement le défunt (la fleur, la cour, le bosquet, etc.) les vivants utilisent le verbe *tələ* (vv. 4, 5 et 7) qui fait penser à un homme debout. De même, dans le chant IX, les verbes *tələ* (v. 5), *toá* (v. 8) et *sóno* (v. 13) indiquent les différentes positions que le défunt occupe : debout, assis et accroupi.

De plus, ces verbes d'état, généralement réservés aux vivants ainsi que nous l'avons mentionné, sont conjugués au présent de l'indicatif. Ce temps verbal contribue à présenter les défunts comme vivants.

Cette impression de vie au-delà de la mort se confirme au reste par les verbes d'action et de mouvement : *daŋ* (= traverser) dans le chant IV, v. 1 ; *sigi* (= descendre, aller plus bas) dans le chant V, v. 4 ; *komzan* (= se préparer, faire des préparatifs) dans le chant VI, v. 6 ; et *kə* (= aller, s'en aller) dans le chant VIII, v. 2.

L'idée de vie que suggèrent ces verbes de mouvement est quelquefois renforcée par les particules ou auxiliaires d'aspect[59] ? C'est le cas, par exemple, de l'inchoatif *tam* dans les vers 5 et 6 du chant VIII qui traduit bien le début de l'action de partir, et de *man* exprimant dans le vers 6 du chant VI l'idée d'achèvement des préparatifs de départ pour le pays des *bəkón* (V, 5), pays de repos par excellence (chant VIII), mais dont la localisation reste vague, le terme *woe* (III, 6) signifiant simplement « là-bas ».

---

[57] Les termes "mort" et "défunt", dans les développements qui suivent, sont utilisés faute de mieux.
[58] Pour les conditions d'accès au statut d'ancêtres, lire Louis-Vincent Thomas, *La Mort africaine*, pp. 136-138.
[59] Pour la notion d'aspect, Cf. Prosper Abega. *Grammaire ewondo*, pp. 124-126 ; Thierry Abessolo Nnomo ; Luc Etogo Mbezele. *Éléments de grammaire ewondo*. t. 1, pp. 77-84 ; Jean-Marie Essono. *L'Ewondo langue bantu du Cameroun*. pp. 474-476.

Dans les chants étudiés ici, l'existence d'un au-delà se fonde ensuite sur l'emploi du pronom personnel complément *nyə́* = (VII, v. 1) et sur l'instauration d'une communication entre les vivants et les morts. Le pronom personnel complément *nyə́* (= le, lui) désigne le défunt. Son emploi, de par les sèmes /humain/ et/ animé/ qu'il comporte, montre que celui-ci continue à être considéré comme faisant toujours partie du monde des vivants. Il est à ce sujet significatif de constater que le poète populaire ne recourt pas au pronom personnel complément *wɔ́* (= le, lui) dont les sèmes /objet/ et /inanimé/ semblent pourtant seoir à la dépouille mortelle. Il y a donc ici valorisation du cadavre et partant connotation stylistique/ axiologique[60] dans la mesure où « le choix d'un terme de niveau "élevé" ou "bas" est un indice indirect du caractère prestigieux ou méprisable que le locuteur prête au dénoté »[61]. Et la dépouille mortelle n'est valorisée que parce que l'on croit en une vie après la mort.

Pour ce qui est de la communication entre les vivants et les morts, elle consiste en des questions posées par les premiers aux seconds : *yə ŏdaŋ ya ?* (IV, 4), *yə́ obɔ́t yə tə́ ngob á kŏ ?* (I, 5) ; en des conseils prodigués aux défunts : *o wulugu mvoi/ biyoa !* (I, 1-2), *óbɔ́t ngob* (I, 5) ; et en des demandes adressées aux ancêtres : *zàá mô vô ňkɔlényiŋ* (III, 6), *zàá nyə́ nɔŋ* (VI, 2). Il arrive parfois que les défunts répondent. C'est le cas dans les vers 7 à 9 du chant III.

1-2. Les interventions des défunts

Les demandes adressées aux ancêtres introduisent aux trois niveaux d'intervention dont les vivants croient les défunts capables[62]. La formulation de ces demandes à elle seule pose la croyance en l'existence et en l'efficacité d'une recette qui garantirait le succès dans la vie. Ces demandes signifient que les vivants, devant l'adversité, comptent sur l'aide des défunts pour changer le cours des événements.

Et le *ňkɔĺényiŋ* qui est sollicité dans le chant III symbolise ce qui fait vivre, ce qui donne la vie. Il s'agit à ce premier niveau, de connotation symbolique ou de

---

[60] Si les connotations stylistiques sont « l'ensemble des faits de connotation dont la fonction consiste à signaler que le message procède d'un certain code ou sous-code linguistique particulier, permettant ainsi de le ranger dans tel ou tel sous-ensemble de productions textuelles », les connotations axiologiques sont des « unités linguistiques qui reflètent un jugement d'appréciation ou de dépréciation porté sur l'objet dénoté par le sujet d'énonciation ». *La Connotation*, pp. 94 et 110. Les connotations stylistiques et axiologiques font partie des connotations énonciatives, « unités linguistiques qui apportent des informations, non sur le référent du message, mais sur son énonciateur ». *Ibidem*, p. 104.
[61] *Ibidem*, p. 102.
[62] Voir L.-V. Thomas. *Op. cit.*, pp. 139- 143.

connotation associative[63] du fait de l'objet sollicité. Selon Umberto Eco, les objets du monde - à l'instar du *ǹkɔlényiŋ* - sont des unités sémiotiques de par leur fonction sociale[64]. Tzvetan Todorov n'écrit-il pas que « dans toute société, qu'elle soit imaginaire ou réelle, les objets forment un système significatif, une langue, et c'est à l'intérieur d'elle qu'apparaît la connotation »[65] ?

Le deuxième niveau d'intervention des défunts peut se lire dans le chant V. Les vivants s'imaginent que les défunts peuvent éviter la mort aux plus distingués d'entre eux. Ils se rendent malheureusement compte que la classe sociale[66] ne fait pas échapper à la mort, pas plus qu'elle n'impressionne les défunts. Les vivants concluent alors à la cruauté et au sadisme de ces derniers : *ndə ngɔ́l esɔ́ á bəkón* (V, 5).

Ce vers comporte une double dimension logique (*ndə*) et axiologique (*ndə ngɔ́l esɔ́ á bəkón*). La conjonction *ndə* (= donc) montre à suffisance qu'il s'agit là d'une déduction. Nous avons donc affaire à un enthymème puisque la conclusion seule apparaît en structure de surface cependant que la majeure et la mineure restent en structure profonde[67].

Contenue dans la conclusion, la déception des vivants met en évidence la dimension axiologique du vers qui se traduit par un jugement dépréciatif porté sur le pays *bəkón* et ses habitants. Cette dépréciation se double cependant d'une inférence logique. Car, à partir du traitement infligé aux dignitaires du clan, le petit peuple sait désormais à quoi s'en tenir. Preuve lui est administrée qu'il n'échappera pas, qu'il ne sera pas épargné.

Ce désappointement qui montre les attentes déçues des vivants et le pouvoir exorbitant qu'ils attribuent aux défunts est d'autant plus grand lorsque les vivants réalisent que les *Bəkón* ont un cœur d'airain. Et la forme négative *esɔ́* signifie que, pour les vivants, le terme *bəkón* rime, non pas avec *ngɔ́l* (= la pitié) mais avec *ngɛd* (= la cruauté). Le pays des *bəkón* est donc essentiellement le pays de la cruauté et de l'indifférence.

Le dernier niveau d'intervention des revenants a trait à l'insertion du défunt au séjour des morts. L'assistance des revenants semble nécessaire dans la mesure où le

---

[63] La connotation symbolique relève à la fois du signifiant de connotation et du signifié de connotation. Voir, dans *La Connotation*, les points E "Connotateur : le dénoté extralinguistique" (pp. 71-74) et D "Les connotations comme valeurs associées" (p. 119).
[64] Umberto Eco, cité par C. Kerbrat-Orecchioni, *op. cit.*, p. 71.
[65] T. Todorov. *Littérature et signification*. Cité par C. Kerbrat-Orecchioni, *op. cit.*, p. 72.
[66] Martin-Paul Samba et al. cité dans ce chant, étaient des dignitaires *beti*, et non des roturiers. L'idée de grandeur est suggérée par l'expression *abím a ná (v.3)*, qui est intraduisible.
[67] Le syllogisme complet pourrait être construit de la manière suivante : **M** : Nous demandons aux défunts d'éviter la mort à nos dignitaires ; **m** : Or, ces derniers continuent de mourir ; **c** : Donc, les défunts sont cruels.

défunt tremble de peur au moment de rejoindre le séjour des morts. Le chant VI fait état d'un mort qui ne peut, tout seul, rallier le pays *bəkón* alors qu'il a achevé ses préparatifs et qu'il est prêt pour la nouvelle aventure. Il lui faut donc un parrain, un protecteur. Aussi est-il demandé à l'un de ses ancêtres de venir le chercher : *zàá nyá nɔŋ* (v. 2).

Les croyances connotées dans le chant funèbre *beti* montrent qu'il n'y a pas de rupture entre la vie et la mort, entre les vivants et les défunts. Ce chant fait apparaître la mort comme « un passage sur l'autre versant de la vie »[68]. Et les représentations que nous en déduisons correspondent à ces croyances, mieux les prolongent.

II – Chants funèbres *beti* et représentations

Jean Ladrière définit la représentation comme l'« évocation d'un objet […] à partir de fragments empruntés à la réalité perçue »[69]. C'est la façon dont on s'imagine quelque chose et/ou dont on veut le faire connaître à autrui. Il s'agira donc de tout ce qui peut donner de la mort une idée approximative, à défaut de pouvoir dire exactement ce qu'elle est en soi. Cette définition nous a amené à rechercher les fragments de la réalité par lesquels le chant funèbre *beti* représente la mort. Nous nous sommes interrogés sur les images, comparaisons ou métaphores auxquelles recourt le Beti lorsqu'il chante la mort.

Comme les croyances dont il vient d'être question, les représentations ont été étudiées à partir des interférences et de la connotation associative. Ces représentations se rapportent aussi bien à la mort qu'à la vie.

2-1. La mort

Dans les chants funèbres analysés, le poète recourt à trois fragments de la réalité pour représenter la mort. Ce sont la traversée, le voyage et la période de crue.

---

[68] L.-V. Thomas, *op. cit*, p. 250.
[69] Voir « Représentation et connaissance ». In : *Encyclopædia Universalis*, t. 19, p. 823.

2.1.2 La mort comme traversée

Dans le chant IV, la mort est perçue comme une traversée, une sorte de rite de passage[70]. Dans l'imaginaire *beti*, mourir consisterait pour le défunt à franchir la ligne de démarcation (*ǹkɔl ényiŋ*, cf. v. 3).

L'expression abrégée *bɔsɔ́* [71] (vv. 1, 3 et 5) qui traduit une certaine admiration fait penser à une épreuve dont l'issue n'est pas euphorique pour tous les candidats. C'est dire que quelques-uns seulement sont reçus à ce test d'admission. Les heureux élus sont considérés comme des chanceux. L'expression *bɔsɔ́* est généralement empreinte d'envie. Les élus sont enviés parce que leur admission dans le séjour des morts semble définitivement acquise. Il est alors permis de penser que cette admission est subordonnée à l'issue heureuse du rite de passage. Les candidats malheureux, quant à eux, doivent soit recommencer l'épreuve jusqu'à leur admission définitive chez les *bəkón* (*a daŋ a daŋ*, cf. v. 2), soit se laisser précipiter dans les lieux de tourment que sont *Tolendoŋ* et *Tótolan* [72].

Le rite de passage n'est pas une formalité. Il ne suffit pas d'être mort pour que soit garanti le succès de cette épreuve. Il est possible que les défunts éprouvent de la peur avant le début de celle-ci ; d'où la demande d'assistance que les vivants sollicitent des ancêtres pour assurer le succès du passage des leurs[73].

2.1.3 La mort comme voyage

Après la traversée, la représentation de la mort puise encore dans le registre de la mobilité. La mort est perçue comme un voyage dans l'au-delà. Rien de surprenant à cela : le verbe *wu* (= mourir) dérive, selon le linguiste Bot ba Njock, du verbe *wulu* (= marcher, voyager)[74].

Comme tout voyage, celui que les Beti assimilent à la mort suppose des préparatifs (*komzan*) (VI, 6), des cérémonies d'adieu et un itinéraire. Le verbe *komzan* recouvre globalement les préparatifs du voyage en termes de toilette, de vêtements et surtout de messages à transmettre.

---

[70] Séverin-Cécile Abega. *L'Esana chez les beti*. pp. 281- 316.
[71] L'expression complète est *besómbog,* pluriel de *sómbog*. Elle signifie les "chanceux". Cf. Th. Tsala, *Dictionnaire Ewondo-Français*, p. 584.
[72] S.-C. Abega. *Op. cit.*, p. 314; Pierre Mviena. *Univers culturel et religieux du peuple beti*. pp. 192- 194.
[73] Les Beti croient en l'existence de nombreuses épreuves de passage dans l'au-delà, dont celle de la traversée du fleuve sur une corde ou sur une poutre étroite. Cf. L.-V. Thomas, *La Mort africaine*, p. 219.
[74] Marcel Bot ba Njock, cité par Ph. Laburthe-Tolra. *Initiation et sociétés secrètes au Cameroun*. p. 186.

Les adieux au mort sont exprimés par le verbe *yáan* (= dire au revoir, faire ses adieux) (II, 2) et par le mode exhortatif du verbe *wulu* : *wulugu mvoi* (= Fais un bon voyage !) (I, 1). Le verbe *yáan* laisse entrevoir un autre rite de passage rendu nécessaire par le changement de statut (vivant → défunt) que connaîtra le mort. Par ce rite, le mort apprend à quitter le séjour des vivants et se laisse introduire chez ses nouveaux compagnons, sans heurt. On comprend dès lors que le défaut d'une cérémonie d'adieu peut entraver l'admission du défunt au pays des morts. Aussi le mutisme (II, 3) où viendraient à s'enfermer les parents et amis du défunt suscite-t-il inquiétude et indignation (II, 5). C'est alors que peut commencer l'odyssée. Le défunt se met en route (*zen*) (I, 3) pour le pays des *Bəkón*[75].

2.1.4 La mort comme période de crue

Dans le chant V, la mort prend forme d'une crue. Il s'agit là d'une connotation associative dans la mesure où la représentation de la mort s'effectue par l'entremise d'une métaphore, trope par ressemblance qui consiste « à présenter une idée sous le signe d'une autre idée plus frappante ou plus connue, qui, d'ailleurs, ne tient à la première par aucun autre lien que celui d'une certaine conformité ou analogie »[76].

Le terme *ndón* (= crue) est une métaphore *in absentia*, c'est-à-dire que ce terme n'est présenté ni comme analogue (comparaison) ni comme identique à la mort (métaphore *in praesentia*), mais comme étant la mort même. Ce type de métaphore opère une « métamorphose du référent ». On ne parlera donc plus de mort, mais de crue. Il y a ici « substitution » ou, mieux encore, « synonymie inédite »[77].

S'agissant de l'aspect sémantique du mécanisme connotatif de la métaphore qui nous intéresse plus ici, il convient de souligner le transfert au phénomène de la mort des valeurs sémantiques additionnelles de la crue. Celles-ci comprennent, entre autres, les sèmes /eau/, /éphémère/ ou /passager/, /descente/, /débordement/, /force/. Ainsi, la mort a, avec la crue, certaines propriétés en commun. Comme les eaux qui débordent, la mort emporte tout sur son passage. Elle est par conséquent une force à laquelle rien ne peut résister. Lorsqu'arrive cette « saison », l'homme, quel que soit

---

[75] Le pays des *Bəkón* n'est pas géographiquement localisé dans le chant. Mais pour les Beti d'autrefois, il est « situé sous la terre, exactement sous celui des vivants ». Voir l'explication du proverbe n° 5203 par Théodore Tsala. *Mille et un proverbes beti*. p. 153.
[76] Pierre Fontanier, *Les Figures du discours*, p. 99.
[77] *La Connotation*, pp. 150 et 154 (note 142).

son rang social, est condamné à être emporté par les eaux et/ou à s'y noyer. Il est, selon la formule de Heidegger, un « être-pour-la-mort »[78].

Le recours à la métaphore n'est donc pas gratuit. Loin d'être uniquement une dénomination inédite ou un indice de style, la métaphore connote, c'est-à-dire qu'elle est porteuse de sens. L'origine même de la réflexion et de la connaissance de l'homme peut expliquer cette dimension signifiante de la métaphore. Car, ainsi que le note Jean Molino, « c'est par la métaphore que l'homme commence à penser. » Et il conclut plus loin : « Dans tous les cas, nous ne pouvons connaître que dans et par le travail de la métaphore. »[79]

Comme on peut le constater, le chant funèbre *beti*, pour représenter la mort, fait appel aux réalités de la vie courante. Commentant les analyses de Peter L. Berger et Thomas Luckmann dans *The Social Construction of Reality*, Jean Molino affirme à ce sujet : « Lorsque le langage transcende la sphère de la vie quotidienne et s'étend à d'autres sphères de signification, il les interprète toujours par référence à la vie quotidienne. »[80]

2.2 La vie

Le chant funèbre *beti* ne traite pas seulement de la mort. Il évoque aussi la vie. Et il peut paraître indiqué, quand on sait que vie et mort sont indissolublement liées, de déduire une représentation de la vie à partir de celle, métaphorique, de la mort[81].

La métaphore *ndón* présuppose, en effet, l'existence d'une rivière ou d'un fleuve[82] dont le débordement des eaux en période de crue entraîne la mort. Cela fait d'abord croire, compte tenu du caractère non permanent de ce phénomène, que la vie de tous les jours se déroule sur l'une des rives de cette rivière ou de ce fleuve. Et c'est seulement lorsque les eaux débordent que les hommes sont « cueillis » et entraînés par le courant vers l'aval. On pourrait obtenir les équations : Rive = Vie et Lit du fleuve = Mort.

---

[78] Heidegger cité par L.-V. Thomas. *Mort et pouvoir*, p. 17.
[79] J. Molino. « Anthropologie et métaphore ». In : *Langages*, 54, pp. 106 et 123.
[80] *Ibidem*, p. 121.
[81] Vladimir Jankélévitch écrit, par exemple : « Faute de penser la mort, il ne nous reste, semble-t-il, que deux solutions : ou bien penser sur la mort, autour de la mort, à propos de la mort ; ou bien penser à autre chose qu'à la mort, et par exemple à la vie. » Voir *La Mort*, p. 37.
[82] Pierre Mviena affirme, péremptoire, que l'on traverse le fleuve *E- ndam* pour passer du monde des vivants à celui des morts. *Op. cit.*, p. 192. Voir aussi S.-C. Abega, *op. cit.*, p. 134.

Ensuite, le verbe *sigi* (= descendre, aller plus bas, couler) dans le chant V (v. 4) fait penser que la vie se situe en amont et la mort en aval. Dans ce cas, rester en amont signifierait s'accrocher à la vie, rester en vie ; et aller en aval mourir, perdre la vie. Les équations que l'on peut poser sont alors les suivantes : Amont = Vie et Aval = Mort.

Conclusion

Comme on le sait, Si le chant a souvent servi de base d'étude dans les sciences humaines, il faudrait cependant être quelque peu circonspect en raison de la part des choses qu'il convient de faire à propos du chant en particulier, comme à propos de la tradition orale en général, entre « l'authentique et le falsifié »[83]. Car les chants peuvent être déformés, transformés.

Parti de la recherche de ce que cache et/ou véhicule le chant funèbre *beti* au plan culturel, nous pouvons d'ores et déjà affirmer qu'il suggère un système de croyances et de représentations dont on n'a pas toujours conscience lorsqu'on chante, parce qu'on récite ce qui a été transmis par la tradition orale. À bien y regarder, le chant funèbre *beti* va au-delà du texte qui le porte. Il y a un ailleurs vers lequel il se déporte. Et cet ailleurs se rapporte à la façon dont l'après-mort est perçu dans l'imaginaire *beti*.

Quelle que soit l'opinion qu'on s'en fait[84], cette vision du monde évoque quelques aspects de la vie culturelle du peuple *beti* et rappelle la relation que John Steinbeck a établie entre les chants et la connaissance des peuples qui les chantent quand il écrit : « Les chansons sont l'histoire d'un peuple. Vous pouvez apprendre plus sur les gens en écoutant leurs chansons que de toute autre manière car dans les chansons s'expriment toutes les espérances et toutes les blessures, toutes les colères, toutes les craintes, tous les besoins et toutes les aspirations. »[85] On le voit, les chants nous exposent, nous affichent, disent malgré nous ce que nous sommes, signalent/trahissent notre culture.

Le fait d'avoir travaillé sur les chants pourrait, en raison de l'essence même de la poésie, la fiction, invalider les résultats auxquels nous sommes parvenu. Cette remise en question serait spécieuse, la poésie étant capable, selon Nicole Belmont, de rendre

---

[83] Cette expression est empruntée à Nicole Belmont, *loc. cit.*, p. 607. Le terme *zambá* (III, 9) pose, par exemple, le problème de la croyance des défunts en dieu.
[84] L.- V. Thomas trouve « naïve » la vision africaine de l'au-delà. *La Mort africaine*, p. 129.
[85] J. Steinbeck, cité par René Luneau. *Chants de femmes au Mali*, p. 13.

compte d'une « certaine vérité ». Elle affirme : « La poésie appartient éminemment à la fiction parmi tous les genres littéraires, peut-être est-elle le plus imaginaire et le plus éloigné de la réalité. Mais elle est aussi le plus apte à exprimer une certaine vérité, celle du mythe »[86].

C'est dire que les poètes, ces « premiers sages »[87], sont quelque peu supérieurs au commun des mortels parce qu'ils peuvent percevoir intuitivement certaines réalités, telle celle de la mort qu'ils prétendent saisir du dedans alors que les thanatologues, pourtant hommes de science, se contentent de l'appréhender de dehors[88].

Qu'apporte cette étude ?

En dépit des limites que pourrait comporter cette étude, nous pensons qu'elle revêt un intérêt certain aux plans méthodologique et des résultats. Au plan méthodologique, nous avons voulu, à partir de notre problématique, appliquer au chant funèbre *beti* une grille de lecture inspirée de la linguistique. Les chercheurs en traditions et littératures orales ayant intégré les chants de la mort dans leurs études se sont jusqu'ici contentés de les aborder dans une perspective thématique ou esthétique. Nous avons voulu combler cette lacune en l'étudiant aussi sous l'angle linguistique.

Au plan des résultats, nous avons voulu éviter le style des études par trop générales qui, soucieuses de présenter une vue panoramique d'un phénomène, obligent l'analyste à survoler le corpus en haute altitude. À partir d'une analyse des énoncés linguistiques, il s'est agi de faire ressortir les suggestions et inférences que laisse entendre le chant funèbre *beti*. Nous sommes donc parti des informations subsidiaires que donne ce dernier pour mettre en évidence ce qu'il cache et/ou véhicule. Nous ne sommes pas parvenus à des conclusions forcément neuves, notamment pour ce qui est des croyances. Mais ces conclusions présentent l'avantage d'avoir été quelque peu relativisées grâce à notre outil d'analyse qui souligne clairement le caractère suggéré, c'est-à-dire non avéré, des croyances et des représentations dont il a été question.

Le chant funèbre est aujourd'hui en voie de disparition en Afrique. La musique religieuse d'inspiration chrétienne est en train de le supplanter. C'est pourquoi cette étude se veut un appel à un renversement de tendance malgré les normes nouvelles imposées par la vie moderne. Le chant funèbre traditionnel doit reprendre toute sa place dans l'organisation des veillées mortuaires. Cela permettrait aux Africains que nous sommes de savoir ce que mourir veut dire dans nos traditions.

---

[86] *Loc. cit.*, p. 608.
[87] L'expression est de J. Molino, *loc. cit.*, p. 100.
[88] L.- V. Thomas. *Mort et pouvoir*, p. 9.

Bibliographie sélective

ABEGA, Prosper. *Tonologie de la langue ewondo. L'ewondo sans les tons est une langue morte*. Yaoundé : Presses de l'UCAC, [1998], 51 p.

ABEGA, Séverin-Cécile. *L'Esana chez les Beti*. Yaoundé : Clé, coll. " Études et documents africains", 1987, 397 p.

BELMONT, Nicole. « Folklore ». In : *Encyclopædia Universalis*, Paris, 1989, tome 9, pp. 601- 608.

BUISSET, Philippe. « Pour une sociologie de la chanson ». In : *Encyclopædia Universalis*. Paris : 1989, tome 5, pp. 361-362.

CHEVRIER, Jacques. *Littérature nègre*. 2e édition, Paris : A. Colin, 1984, 272 p.

COQUET, Jean- Claude. « Sémiotiques ». In : *Langages*, 31 (1973), pp. 3- 12.

ERISMANN, Guy. « Un exemple : la chanson en France ». In : *Encyclopædia Universalis*. Paris : 1989, tome 5, pp. 358- 361.

ESSONO, Jean-J. Marie. *L'Ewondo langue bantu du Cameroun. Phonologie-Morphologie-Syntaxe*. Préface de Luc Bouquiaux, postface de Prosper Abega. Yaoundé : Presses de l'UCAC, 2000, 608 p.

FONTANIER, Pierre. *Les Figures du discours*. Paris : Flammarion, 1977, 505 p.

GARY-PRIEUR, Marie-Noëlle. « La notion de connotation(s) ». In : *Littérature*, 4 (décembre 1971), pp. 96-107.

GREIMAS, Algirdas-Julien et Courtés Joseph. *Sémiotique. Dictionnaire raisonné de la théorie du langage*. Paris: Hachette, 1979 (tome 1, 404 p.) et 1986 (tome 2, 270 p.).

KERBRAT-ORECCHIONI, Catherine. *La Connotation*. 3e édition, Lyon : Presses Universitaires, 1977, coll. "Linguistique et sémiologie", p.

LABURTHE-TOLRA, Philippe. *Initiations et sociétés secrètes au Cameroun. Essai sur la religion des Beti. Les mystères de la nuit*. Paris : Karthala, 1985, 443 p.

LADRIERE, Jean. « Représentation et connaissance ». In : *Encyclopædia Universalis*. Paris : 1989, tome 19, pp. 822-824.

MOLINO, Jean. « Anthropologie et métaphore ». In : *Langages*,54 (juin 1979), pp. 103-125.

MONO-NDJANA, Hubert, *Paradoxes. Essai sur les contradictions du sens commun*. Yaoundé : Objectif, 1981, 163 p.

MVIENA, Pierre. *Univers culturel et religieux du peuple beti*. Yaoundé : Imprimerie Saint-Paul, 1970, 207 p.

NATTIEZ, Jean-Jacques. « Ethnomusicologie ». In : *Encyclopædia Universalis*. Paris, 1989, tome 8, pp. 1006-1010.

OBAMA, Jean-Baptiste. « La musique africaine traditionnelle : ses fonctions sociales et sa signification philosophique ». In : *Abbia,* 12-13 (juin 1966), pp. 273- 308.
RICŒUR, Paul. « Croyance ». In : *Encyclopœdia Universalis*. Paris : 1989, tome 6, pp. 870- 877.
SAUSSURE, Ferdinand de. *Cours de linguistique générale*. Paris : Payot, coll. "Études et documents Payot", 1969 (1e édition 1916), 331 p.
THOMAS, Louis-Vincent. *Mort et pouvoir*. Paris : Payot, 1978, 213 p.
TSALA, Théodore. *Dictionnaire Ewondo-Français.* Lyon : Imprimerie Emmanuel Vitte, [s. d.], 716 p.
TSALA, Théodore. *Mille et proverbes beti ou la société beti à travers ses proverbes*. Avertissement de Jacques-Philippe Tsala TSALA. Yaoundé, ronéotypé, 1989, 310 p.

Annexes
Textes ewondo
I. Biyoa
ňkunda bjǎ : (1) owulugu mvoi
(2) biyoa !
ňtáŋan : (3) biyoa bi nə á zen o
(4) biyoa engóngó(ňkunda bjǎ)
(5) yə̀ obót yə tó ngob á kǒ ?
(6) biyoa engóngó(ňkunda bjǎ)
II. zaán yáán ayi nyέ
ňkunda bjǎ : (1) e e e e
(2) zaán yáán ayi nyέ oyelé
(3) bəzá bə nə á ndá mú á kùbùg ?
ňtáŋan : (1) e e e e
(4) bə́yəmə óyab wam akə́lə oyelé ?
(ňkunda bjǎ)
(1)   e e e e
(5) dzében myabo mə ná oyelé ?
(ňkunda bjǎ)
III. ǹkɔl ényiŋ
ňtáŋan : (1) e e e e
(1) a mís məsə mábəbə a kələ
(2) mə bɔ wa yá ?
ňkunda bjǎ : (4) engóngól é daŋ ya !
ňtáŋan : (1) e e e e
(5) o yǒm ngon yá fub nyəbə a kələ
(3) mə bɔ wa yá?
ňkunda bjǎ : (4) engóngól é daŋ ya !
ňtáŋan : (6) zàá mə və ǹkɔl ényiŋ á woé a !
ňkunda bjǎ : (7) "ǹkɔl ényiŋ ó nə təgə ayi ndóŋ e
(8) fəg é dzaŋ yǐma o o o
(9) zambá é mēn a bələ ǹkɔl ényiŋ"
(3) mə bɔ wa yá?
(4) engóngól é daŋ ya!

IV. bəsó bə́ nga daŋ yá

(1) bəsó bə́ nga daŋ yă
(2) a daŋ a daŋ e e
(3) bəsó bə́ man yĭ daŋ ǹkɔl ényiŋ o o
(4) yə ǒdaŋ ya ?
(1) bəsó bə́ nga daŋ yă
(2) a daŋ a daŋ e e

V. ndón

ňtáŋan :   (1) ndón ya man ndáman ǹnam o o
ňkunda bjă : (2) ndón!
ňtáŋan :   (3) abím a nə́ Fudá Ánaba
    (4) Fudá Ánaba a ŋgá yəm sigi ayi ndón yá ?
ňkunda bjă : (2) ndón !
ňtáŋan :   (5) ndə ngól esə́ á bəkón a a
ňtáŋan :   (1) ndón ya man ndáman ǹnam o o
  (2) ndón !

VI. wɔ̀ŋ

ňkunda bjă : (1) a kon wɔ̀ŋ e e e
    (2) zàá nyə́ nɔŋ e
ňtáŋan :   (3) a mís məsə mábəbə
    (2) zàá nyə́ nɔŋ e
      (ňkunda bjă)
    (4) a tə́lə á fuláwa
    (2) zàá nyə́ nɔŋ e
      (ňkunda bjă)
    (5) a tə́lə ókăŋ zăŋ
    (2) zàá nyə́ nɔŋ e
      (ňkunda bjă)
    (7) a tə́lə á ňsɔ̂ŋ zăŋ
    (2) zàá nyə́ nɔŋ e
      (ňkunda bjă)

VII. báyi nyə́ bɔ̀ yá ?

ňtáŋan :   (1) báyi nyə́ bɔ̀ yá ? (bis)
           (2) á mə́n o
ňkunda bjă : (3) wáŋ wan waŋ wáŋ
ňtáŋan :   (4) y∂ b∂k∂ dz∂b á ndzɘŋ a?
ňkunda bjă : (5) t∂ge! wáŋ wan waŋ wáŋ
    (6) m∂tóa a zaá măn ny∂ fit a a
    (3) wáŋ wan waŋ wáŋ
    (7) ňn∂m ozaá dăŋ mintyé a a
    (3) wáŋ wan waŋ wáŋ
ňtáŋan :   (1) báyi ny∂ bɔ yá ? (bis)
           (2) á mɜn o
ňkunda bjă : (3) wáŋ wan waŋ wáŋ
ňtáŋan :   (8) y∂ b∂k∂ dz∂b óswé a?
ňkunda bjă : (5) t∂ge! wáŋ wan waŋ wáŋ
    (9) kɜs e zaá măn ny∂ di a a
    (3) wáŋ wan waŋ wáŋ
    (7) ňn∂m ozaá dăŋ mintyé a a
    (3) wáŋ wan waŋ wáŋ

VIII. a k∂ wai

ňkunda bjă : (1) hm ayé! (bis)
    (2) ă bab∂dzaŋ a k∂ wai
    (1) hm ayé! (bis)
ňtáŋan :   (3) a k∂ wai (bis)
    (4) miníngá yă ňnam óv∂ŋ
    (5) á tam k∂
      (ňkunda bjă)
    (3) a k∂ wai (bis)
    (6) ngɜn ňnam
    (5) á tam k∂
      (ňkunda bjă)

IX. makám

ňkunda bjă :   (1) e e e e e
ňtáŋan :   (2) oyǒm ngɔn yă ňnam éwondo
        (3) makám o
            (ňkunda bjă)
        (4) b∂ l∂d∂g∂ ma é wóm yă bá dz∂b minkúkúmá
            (ňkunda bjă)
        (5) y∂ bá k∂ bó t∂l∂ á sɔŋ b∂t∂t∂l∂ ?
            (ňkunda bjă)
        (6) a t∂l∂ v∂ t∂t∂l∂ a baala akúmá dié ?
            (ňkunda bjă)
        (7) y∂ bá k∂ bɔ toe á sɔŋ b∂ tótoá ?
            (ňkunda bjă)
            (8)   a toá v∂ tótoá a baala akúmá dié ?
            (ňkunda bjă)
        (2) oyǒm ngɔn yă ňnam éwondo
        (3) makám o
            (ňkunda bjă)
            (9)   b∂ l∂d∂g∂ ma é vóm yă bá dz∂b minbúbúá
            (ňkunda bjă)
            (10)   y∂ bá k∂ bɔ búdi á sɔŋ b∂búbudú ?
            (ňkunda bjă)
            (11)   a búdu v∂ búbudú a tad azóé dié ?
            (ňkunda bjă)
            (12)   y∂ bá k∂ bɔ sóno á sɔŋ b∂ sósonó ?
            (ňkunda bjă)
            (13)   a sóno v∂ sósonó a tad azóé dié
            (ňkunda bjă)

Traduction française
I. Gare aux épines
Chœur :   (1) Bon voyage
   (2) Mais gare aux épines
Soliste :   (3) La route est jonchée d'épines de toutes sortes
   (4) Fais attention, s'il te plaît.
   (Chœur)
   (5) As- tu pris la précaution de te chausser ?
   (6) Fais attention, s'il te plaît.
   (Chœur)

II. Venez lui faire vos adieux
Chœur :   (1) E e e e
   (2)   Venez lui faire vos adieux
   (3)   Parents et amis qui gardez le silence
Soliste :   (1) E e e e
   (4)   Mon ami que vous tous connaissez s'en est allé.
   (Chœur)
   (3)   E e e e
   (5)   Pourquoi lui réservez- vous un tel sort ?
   (Chœur)

III. La corde de la vie
Soliste : (1) E e e e
   (2) Toi vers qui sont tournés nos espoirs
   3) Quoi te dire d'autre ?
Chœur :   (4) Vole à notre secours !
Soliste :   (1) E e e e
   (2)Toi qui as vécu parmi nous
   (3) Quoi te dire d'autre ?
Chœur :   (4) Vole à notre secours !
Soliste :   (1) E e e e
Chœur :   (7) « Il ne sert à rien d'être en possession de la corde de la vie
   (8) Je ne sais plus moi- même où donner de la tête
   (9) Adresse-toi donc à Dieu. »
   (3) Quoi te dire d'autre ?

(4) Vole à notre secours !

IV. Les chanceux
- (1) qu'ils sont heureux, les morts qui ont franchi
- (2) Définitivement le Rubicon.
- (3) Ils sont vraiment chanceux
- (4) L'as- tu déjà franchi, toi aussi ?
- (1) Qu'ils sont heureux, les morts qui ont franchi
- (2) Définitivement le Rubicon.

V. La période de crue
   (3)   Soliste :   (1) La contrée, en période de crue, enregistre d'importants dégâts

   (4)   Chœur :   (2) Quelle saison abominable !

   (5)   Soliste :   (3) Comment quelqu'un d'aussi distingué que Fouda Anaba

   (6)   (4) A-t-il pu être emporté par les eux ?

   (7)   Chœur :   (2) Quelle saison abominable !

   (8)   Soliste :   (5) Il n'y a donc pas de pitié au pays des morts

   (9)   Soliste :   (1) La contrée, en période de crue, enregistre d'importants dégâts

   (10)   (2) Quelle saison abominable !

VI. La peur
Chœur :   (1) Il a peur de s'engager seul
   (2) Viens le chercher !
Soliste :   (3) Toi vers qui sont tournés nos regards
   (2) Viens le chercher !
   (4) Le voici debout près de la fleur
   (2) Viens le chercher !
   (5) Le voici debout au beau milieu du bosquet
   (2) Viens le chercher !
   (6) Il y a longtemps qu'il a fini de se préparer
   (2) Viens le chercher !
   (7) Le voici debout dans la cour
   (2) Viens le chercher !

VII. Qu'allons- nous faire de lui ?

Soliste :   (1) Qu'allons-nous faire de lui ? (bis)
            (2) Je te le demande, fils.
Chœur :   (3) wáŋ wan waŋ wáŋ
Soliste :   (4) L'abandonnerons- nous dans la voie publique?
Chœur :   (5) Pas question ! wáŋ wan waŋ wáŋ
            (6) De peur qu'une voiture ne vienne l'écraser
            (3) wáŋ wan waŋ wáŋ
            (7) Et nous risquons d'en souffrir plus encore
            (3) wáŋ wan waŋ wáŋ
Soliste :   (1) Qu'allons-nous faire de lui ? (bis)
     (2) Je te le demande, fils.
Chœur :   (3) wáŋ wan waŋ wáŋ
Soliste :   (8) Le jetterons- nous à la rivière ?
Chœur :   (5) Pas question ! wáŋ wan waŋ wáŋ
            (9) De peur que les poissons ne s'en repaissent
     (3) wáŋ wan waŋ wáŋ
            (7) Et nous risquons d'en souffrir plus encore
     (3) wáŋ wan waŋ wáŋ

VIII. Elle s'en va jouir du repos

Chœur :   (1) Hm ayé ! (bis)
            (2) Frères, elle s'en va jouir du repos
            (1) Hm ayé ! (bis)
Soliste :   (3) Elle s'en va jouir du repos (bis)
            (4) La vénérable femme de chez nous
            (5) S'en va
                (chœur)
            3) Elle s'en va jouir du repos (bis)
            4) L'authentique femme de chez nous
            (5) S'en va
                (chœur)

IX. Je m'interroge

Chœur :   1) E e e e
Soliste :   (2) Moi, femme du pays ewondo
            (3) Je m'interroge
       (Chœur)
            (4) Dites- moi un peu comment on enterre les riches
       (Chœur)
            (5) Les enterre-t-on debout ?
       (Chœur)
(6) Debout veillant sur leur fortune ?
    (Chœur)
(7) Les enterre-t-on assis ?
    (Chœur)
(8) Assis veillant sur leur fortune ?
    (Chœur)
(2) Moi, femme du pays ewondo
(3) Je m'interroge
    (Chœur)
(9) Dites- moi un peu comment on enterre les pauvres
    (Chœur)
(10) Les enterre-t-on couchés sur le ventre ?
    (Chœur)
(11) Couchés sur le ventre s'apitoyant sur leur misère ?
    (Chœur)
(12) Les enterre-t-on accroupis ?
    (Chœur)
(13) Accroupis s'apitoyant sur leur misère ?
    (Chœur)

La mort et sa valeur emblématique dans le roman africain francophone

Philip Amangoua ATCHA
Université Félix Houphouet-Boigny
(Côte d'Ivoire)

Réalité à la fois inévitable et inacceptable, la mort est le passage obligé de tous les vivants. Contraire de la vie, elle se pose comme une ennemie tapie dans l'ombre et prête à surgir pour dicter sa volonté. En tant que motif littéraire, la mort est inscrite au cœur de la littérature avec laquelle elle entretient des « relations étroites, presque consubstantielles ».[89] En effet, il suffit juste de passer en revue quelques titres de roman pour s'en convaincre : *L'exil ou la tombe* (1986) de Tchivelle Tchivela, *La mort faite homme* (1986) de Ngandu Nkashama, *Le Récit de la mort* (1987) de Tati Loutard, *Agonies* (1998) de Daniel Biyaoula, *La folie et la mort* (2000) de Ken Bugul, *Le Mort vivant* (2000) d'Henri Djombo...

Le roman africain francophone se situe donc dans la droite ligne d'une écriture thématisant la mort. Mais, comment la mort se présente-t-elle dans le roman africain? Quelles sont les figures du macabre? Quelle est la symbolique de la mort dans la production romanesque africaine?

L'article analyse, d'une part, les figures emblématiques de la mort et montre, d'autre part, que dans le roman africain les morts ne sont pas morts.

I-Les figures emblématiques de la mort

De grandes figures emblématiques telles Angoualima, Grégoire Nakobomayo (*African psycho*), N'da tê et les justiciers de l'enfer (*Les naufragés de l'intelligence*) donnent une image héroïque du tueur. En effet, *African psycho*[90] d'Alain Mabanckou est l'écriture du crime. Roman de la mort, il présente deux figures emblématiques: Angoualima, le Grand Maître du crime et son disciple Grégoire Nakobomayo,

---

[89] Michel Picard. *La littérature et la mort*. Paris : PUF, 1995, p.3
[90] Alain Mabanckou. *African psycho* (Toutes nos références seront tirées de cette édition. Le sigle *AP* sera utilisé*)*

l'apprenti tueur psychopathe. Si le crime et le banditisme de grand chemin vont à Angoualima comme un gant (*AP*. p.13), Grégoire, lui, cherche à bénéficier d'une couverture médiatique aussi large que celle de son idole (*AP*. p.12). La centralité de ces deux figures en fait l'incarnation la plus achevée de la mort.

1-Angoualima, le Grand Maître du crime

Dans l'univers du crime, Angoualima est une figure charismatique. Célèbre *serial killer*, sa renommée est telle qu'il vole la vedette au président de la république à la une des journaux. Parlant de son idole Angoualima, Grégoire Nakobomayo révèle que « [...] les journalistes durent réduire les sacro-saintes pages politiques consacrées au président pour avoir plus d'espace et relater avec minutie l'ascension fulgurante du Grand Maître » (*AP*. p.65). Puissance des ténèbres, il est celui qui donne la mort. Ses références criminelles en disent long : vols spectaculaires, viols, crimes crapuleux... Lors de ses « visites » nocturnes aux domiciles des coopérants blancs, « il prenait alors son temps, s'asseyait, allumait la télévision, mettait la musique à fond, ouvrait le réfrigérateur, réchauffait la nourriture et mangeait tandis que ses victimes ronflaient comme des Mobylettes aux tuyaux d'échappement endommagés » (*AP*. p.63). Après ce copieux festin, avant de s'en aller avec son camion chargé de « présents », il laissait toujours « vingt-cinq cigares cubains allumés dans la *chose-là* de la femme violée » et signait de son nom sur les murs de la maison. (*AP*. p.63).

De plus, la célébrité du Grand Maître du crime est due au fait qu'il est le seul à avoir mis au point une technique originale de dissimulation pour échapper à la police. « Il était alors réputé pour sa technique d'égarer ceux qui le recherchaient en se faisant fabriquer des chaussures qui laissaient des empruntes sur le sol, dans le sens contraire de la marche » (*AP*. p.62). Pour tout dire, Angoualima est un génie du mal et dans le mal. Expert dans l'art du *mpini*[91], il a la faculté de se rendre invisible et ses exploits ont fini par créer une dépendance au niveau de la population qui vivait dans l'attente du prochain coup d'éclat d'Angoualima dont le nom devint très vite « synonyme de crime, d'invisibilité, de vol, de viol ou de capacité à semer la police » (*AP*. p.67).

Pour ce Grand Maître du crime, tuer est tout un art. Tous ses crimes défrayent la chronique et en font un être légendaire, « une sorte de Demogorgon, un Janus, dont le portrait d'un réalisme appuyé renvoie la description dans une logique de l'absurde

---

[91] Le *mpini* est un pouvoir occulte qui permet à son détenteur d'être invisible et de pouvoir agir comme un esprit. En un mot c'est la faculté de se rendre invisible.

qui se décline sans limite, comme la demande d'histoire faite par l'enfant »[92]. Les crimes d'Angoualima portent toujours sa signature et donnent de la mort une image belle, attirante. Ses crimes sont un rituel : après avoir décapité ses victimes, il leur met un cigare cubain dans la bouche, leur peigne les cheveux et place le reste de leur corps quelques mètres plus loin. Ensuite, comme le dit Grégoire Nakobomayo :« Angoualima s'arrangeait pour que ces têtes aient l'air de sourire et d'apprécier le cigare vissé entre leurs lèvres, les yeux ouverts » (*AP*. p.64). Une fois la préparation macabre terminée, pour narguer la police, il envoyait à la presse nationale par colis recommandé les parties intimes de ses victimes (*AP*. p.17).

Angoualima est également une figure démoniaque. Il a un physique qui fait penser aux génies maléfiques des forêts africaines. De petite taille, avec six doigts à chaque main, un bec de lièvre, une tête bombée à l'arrière et des sourcils broussailleux, Angoualima a des balafres sur le visage et une barbichette de vieux bouc (*AP*. p.91). En plus de cette conformation anormale, il est le seul à laisser des empruntes dans le sens contraire de la marche. Être cynique et foncièrement sadique, il est objet de crainte et de vénération. Aux yeux de Grégoire Nakobomayo, Angoualima est un Dieu devant qui on doit plier les genoux, croiser les mains et se prosterner :

« Le Grand Maître m'est apparu, Impérial, Divin, Colossal, Puissant, Sublime, égal à lui-même, assis sur le monticule de terre, les jambes jointes, […] mais j'ai tout de suite baissé le regard, ce personnage mythique, ce personnage charismatique est quand même mon Dieu à moi […] » (*AP*. p.132)

Puissance maléfique redoutable, il ne supporte pas qu'on désacralise son nom. Les minables brigands de Celui-qui-boit-de-l'eau-est-un-idiot qui se faisaient passer pour lui, l'ont appris à leur dépend : « Tous les jours, on découvrait la tête d'un assassin qui s'était proclamé la veille comme étant le vrai Angoualima » (*AP*. p.67). Suite à ces exécutions sommaires pour crime de lèse-majesté « [l]es parents interdirent à leurs enfants de prononcer ce nom maudit […]» (*AP*. p.67). Les exploits extraordinaires d'Angoualima, sa capacité de se rendre invisible, son omniprésence en font une légende vivante dont les hauts faits sont racontés de génération en génération. Ce personnage légendaire, révèle Alain Mabanckou, « […] a véritablement existé. Il a sévi au Zaïre et au Congo dans les années 50-60. Je n'étais pas né mais sa légende m'a été transmise. Les personnes plus âgées nous disaient vraiment que ce tueur avait deux visages ou d'autres choses extraordinaires[93]».

---

[92] Yves Chemla. « Variations sur *African psycho* d'Alain Mabanckou» www.homepage.mac.com, consulté le samedi 31 mai 2008.
[93] Olivia Marsaud. «Rencontre avec Alain Mabanckou» www.findepartie.hautetfort.com consulté le samedi 31 mai 2008

Dans le roman, également Angoualima est érigé au rang d'assassin mythique sans visage. Par le fait des chansons populaires en son honneur et la fameuse émission télévisée « Et alors? Croyez-moi! », il devient un être insaisissable et mystérieux, se changeant à loisir comme un caméléon. Pour Yves Chemla, « il occupe la place vacante de l'autorité divine […] »[94]. Omniprésent, invisible et sans visage tout comme l'autorité divine, Angoualima est partout et nulle part. Les traditions populaires l'imaginent vivant sur terre, sous terre, au fond des mers, dans les airs, dans les arbres, dans les trains, dans les cimetières et… Lorsqu'il se rend au bureau de la CIA (Capture Immédiate d'Angoualima) pour se constituer prisonnier, ces derniers le prennent pour un clochard car « chaque homme de la rue pouvait être Angoualima » (p.58).

Inégalé dans le crime, Angoualima « chie sur la société » en se donnant la mort. Grégoire Nakobomayo explique la symbolique de l'acte posé par son idole : « Avant de mourir, mon idole avait dessiné un cercle autour de lui, comme pour expliquer que la boucle était bouclée, que le serpent s'était mordu la queue… » (p.91).

2-N'da Tê et sa bande : des meurtriers en série

L'œuvre d'Adiaffi est un roman du crime. N'da Tê est un *serial killer* qui adore les « beaux crimes »[95]. Les crimes de N'da Tê et de sa bande (Les justiciers de l'enfer) loin de relever de faits divers banals ou de vulgaires règlements de compte, se présentent comme de savantes mises en scène, des crimes qui, selon Dupuy, se « présente[nt] toujours sous des dehors extraordinaires, inexplicables (…) [et qui sont] statistiquement rares, exceptionnels même »[96]. Le caractère exceptionnel et inexplicable du meurtre de l'Abbé Yako et de Mô Ehian est souligné par la une des journaux : par un crime crapuleux les bandits ont assassiné un prophète la mort énigmatique d'un prophète voué aux pauvres et à la misère humaine. (p.23).

La présentation typographique de la page attire le regard du lecteur et permet d'insister sur le caractère incompréhensible du crime. Les journalistes ne comprenant pas les mobiles du tueur ont qualifié cet assassinat de « crimes crapuleux », de « mort énigmatique » et de « sacrifice sans explication ».

Le second « beau crime » qui a signé l'entrée officielle de N'da Tê et de sa bande dans la sordide histoire de l'horreur a été le massacre des noces de sang (p.35-43).

---

[94] Yves Chemla. Op. cit., p.7
[95] Dupuy, Josée. *Le roman policier*. Paris : Larousse, 1974, p.53
[96] Idem, p.53

Lors de son voyage de noces, le riche commerçant Daouda et Aïcha, son épouse tombent dans l'embuscade tendue par N'da Tê et son gang qui assassinent tout le cortège nuptial. Quand le commissaire Guégon arrive sur le lieu du carnage - un spectacle désolant d'enfants, de vieilles femmes, de jeunes filles violées, tous abattus de sang froid et exhibés nus comme des trophées de chasse - il ne peut que dire :

> *Horreur! Horreur à l'état pur! Horrible, atroce, insupportable, inhumain, bestial, cruel, effrayant, satanique est, en effet, le spectacle. Il dépasse en horreur les élucubrations les plus lucifériennes : ce spectacle est purement inénarrable, oui, INÉ-NAR-RABLE (p.44-45).*

N'da Tê ayant inscrit son nom au panthéon des tueurs entreprend de « mettre la ville à feu et à sang ». Fidèle à leur réputation de « tueurs », N'da Tê et sa bande commettent des crimes tous azimuts, « les plus horribles étant les meilleurs » (p.161). Les références criminelles de N'da Tê et sa bande en disent long sur leur cynisme et leur sadisme: le crime d'Éklomiabla, les massacres des noces de sang, le hold-up du carrefour des Bermudes, la distribution équitable de la prospérité populaire, Sathanasse City, l'arrestation de la prophétesse de Tanguelan… (p.284).

Avec la complicité du commissaire « ripou », Namala Namala et l'aide des esprits maléfiques, les justiciers de l'enfer détournent un fourgon qui contient « trois cent milliards de francs bien liassés, autant de lingots d'or que de diamants et autres métaux précieux » (p.183). Après ce hold-up spectaculaire du siècle au carrefour des Bermudes, N'da Tê procède sur la place du marché et au nez et à la barbe des policiers au « partage équitable de la prospérité populaire » (p.189). Le dernier acte criminel de N'da Tê qui dépasse selon le narrateur « les élucubrations les plus lucifériennes » (p.44) est l'incendie criminel de Sathanasse City. Tout le quartier est réduit en cendres. Par le fait de N'da Tê et de sa bande, « la ville de N'guélè Ahué Manou tout entière devient une horreur quotidienne, invivable » (p.281).

3-Gregoire Nakobomayo : un tueur psychopathe

African Psycho plonge le lecteur dans la préparation à la fois psychologique et matérielle du crime parfait. Il raconte l'histoire de Grégoire Nakobomayo, un criminel raté qui depuis sa toute petite enfance rêve d'égaler les exploits de son « idole », Angoualima. Il révèle :« En fait, l'idéal pour moi serait de bénéficier d'une couverture médiatique aussi large que celle qu'avait eue mon idole Angoualima, le plus célèbre des assassins de notre pays » (p.12). Selon Gabor et Weimann, la presse donne une image déformée du crime et du criminel. Pour eux, « l'emphase qui est mise sur des choses qui sortent de l'ordinaire ne peut que rendre inévitable une fausse représentation de la réalité dans le domaine du reportage judiciaire »[97].

Ainsi, l'obsession de Grégoire d'avoir une grande audience médiatique est due au fait qu'il est en quête de popularité. La presse est pour lui le passage obligé pour accéder au rang des êtres extraordinaires. Or, ce qui sort de l'ordinaire, ce sont les crimes violents et spectaculaires qui soulèvent l'intérêt de l'opinion, en un mot « la criminalité de sang » pour reprendre une expression de Foucault. Les médias en mettant l'accent sur le « sensationnalisme »[98] surreprésentent les crimes qui impliquent la violence. Ils façonnent l'auteur du crime en lui donnant une certaine image à partir d'un vocabulaire stéréotypé : le monstrueux, le sadique, le violent, l'agressif, le dangereux, le sinistre criminel…Les médias étant des sources de victimisation, « le journaliste diffusera […] l'image que se fait du criminel et de la victime son lecteur-acheteur, avec ses stéréotypes, ses préjugés et son ignorance »[99].

Conscient du pouvoir des médias qui ont transformé son idole Angoualima en un être extraordinaire, Grégoire accorde une grande attention aux informations diffusées par la presse. Normal donc si le *black out* de la presse après l'agression de l'infirmière l'a froissé et couvert d'avanie ! (p.17). En effet, son acte criminel ne fut couvert que par un petit hebdomadaire de quartier (la rue meurt), un journal qui n'a pas une forte audience. Les quatre lignes consacrées à son forfait ont été « noyées entre les publicités de savons Monganga et des chaussures sans-confiance » (p.16) et lui-même traité de maniaque sexuel. Toute chose qui souligne l'insignifiance de son acte qui ne mérite pas de faire la une des journaux.

Ainsi donc, en lieu et place d'un matraquage médiatique, ce fut le silence radio. « Difficile d'être un tueur comme il faut. Lui, qui rêve depuis son jeune âge d'être le boucher de ces dames, le roi du meurtre avec délectation, n'arrive qu'à être un piteux délinquant de bas-étage »[100], écrit Olivia Marsaud. Il est le contraire de son idole, le tueur Angoualima qui, de son vivant, réussissait tous ses crimes.

---

[97] Thomas Gabor et Gabriel Weimann,. «La couverture du crime par la presse : un portrait fidèle ou déformé?» In : *Criminologie*, vol.20, n°1, (1987), p.81
[98] Ibidem, p.95
[99] Georges-André Parent. «Les médias : source de victimisation». In : *Criminologie*, vol.23, n°2, (1990), p.57
[100] Olivia Marsaud, «Rencontre avec Alain Mabanckou» www.findepartie.hautetfort.com consulté le samedi 31 mai 2008

Le meurtre est pour Grégoire une manière de s'affirmer, de se donner une consistance, une identité. En s'arrogeant le droit de tuer, il cherche la reconnaissance de sa simple existence. À l'instar de son idole Angoualima qui, en raison de ses exploits, a fini par être un « héros » national, par être accepté comme un être extraordinaire malgré le fait que dame nature ne lui a pas été très généreuse, Grégoire voit dans le crime la solution toute trouvée pour qu'on le reconnaisse et l'accepte comme un être humain digne de recevoir de l'amour. Donner la mort lui permet d'obtenir ainsi une existence sociale et de ne plus être identifié par sa laideur et son physique ingrat. Si Grégoire a toujours adoré conjuguer le verbe « tuer », c'est parce que, très tôt, il a été rejeté par sa génitrice. N'ayant jamais connu l'amour de sa mère, on comprend pourquoi il en veut à la gent féminine :

« J'ai toujours imaginé la femme qui m'avait mis au monde en train de courir avec des pagnes imbibés de liquide amniotique. Je ne sais pourquoi je m'accroche à cette image morbide, mais je pense que si je pouvais tuer toutes les femmes de la Terre, je commencerais par ma mère, pour peu qu'on me la montre, même maintenant. Je lui arracherais son cœur de roc que je ferais cuire dans le fourneau de mon atelier et je le mangerais avec des patates douces en me léchant les doigts devant le reste de son corps en putréfaction... » (p.21)

Son désir de tuer est mû par la haine et la vengeance à l'égard de la mère et de la femme en général. Pour Grégoire, toutes les femmes sont des « putes » qui enlaidissent le quartier de Celui-qui-boit-de-l'eau-est-un-idiot. Il s'est donc juré de faire le ménage, de lui redonner son lustre d'antan en le débarrassant de « ses chiennes venues du pays d'en face, de ses chiennes qui font de la concurrence déloyale à nos filles à nous » (p.121). La femme est pour lui un être maléfique à éliminer car elle est l'incarnation de la dépravation. Elle dénature, dévalorise le sexe et l'amour qui deviennent les symboles de la déperdition. Ainsi, pour Grégoire faire passer les femmes de vie à trépas est l'occasion de laver l'affront, de prendre aux mots les gens du pays d'en face, de « liquider » les filles de joie les unes après les autres et de purifier son quartier. Donner la mort devient pour Grégoire un acte purificateur.

Toutefois, même s'il est mû par de nobles idéaux, il ne sera qu'un incapable, un minable, un criminel sans référence criminel crédible. Imaginant la gloire qu'il aurait connue s'il avait réussi à tuer la fille en blanc, sa première pute, il raconte :« J'aurais été l'homme le plus heureux de la Terre, j'aurais oublié les petits coups d'antan, l'œil crevé du faux frère, le crâne défoncé de maître Fernandes Quiroga, les voitures volées, les portefeuilles des vieillards invalides, grabataires... » (p.123).

Loin de le conduire à accéder au panthéon des tueurs, chaque acte commis par Grégoire révèle qu'il n'a pas le crime dans le sang comme le *maestro* Angoualima. Ne pouvant égaler les prouesses du Grand Maître du crime, le terrible Angoualima, Grégoire Nakobomayo aimerait au moins être considéré comme son fils spirituel. Pour cela, il avoue :« je dois encore travailler : tuer Germaine ce 29 décembre, c'est-à-dire dans deux jours, n'est qu'une étape vers ce couronnement...» (p.15).

Voulant être le digne héritier d'Angoualima, Grégoire prépare minutieusement la mort de Germaine. Ne croyant pas au meurtre dû au pur hasard, il échafaude un plan diabolique. Il simule plusieurs scénarii de crimes pour être certain que cette fois ce sera la bonne et qu'il n'entrera pas dans la légende par la petite porte.

Dans le premier scénario, il choisit d'éventrer Germaine comme dans le film « Jack, l'éventreur ». Il explique dans les détails comment il s'y prendra : «...j'aurais rougi la lame du coutelas à plus de mille degrés grâce au fourneau de mon atelier. Il serait ensuite plus aisé de l'entailler depuis l'espace qui sépare son anus de sa *chose-là* jusqu'à l'abdomen en lui maintenant les jambes bien écartées à l'aide des cordelettes...» (p.151).

Jugeant cet acte d'une banalité qui ne serait pas digne de son rang, il s'interdit d'utiliser le couteau ou même la hache, le coupe-coupe, la houe, la sagaie, le coupe-papier, le râteau, la pelle ou la pioche, car pour lui, « seuls les derniers des imbéciles opèrent encore par ce moyen » (p.155).

Le second scénario est calqué sur le film « Scareface ». Il projette tuer Germaine à l'aide d'une tronçonneuse, mais comme il le reconnaît lui-même le crime, ce n'est pas du cinéma. Il se rabattra sur les armes à feu, mais trouvera que seuls les faibles d'esprit osent s'en servir. Finalement, il se laissera griser par la manière de tuer de Sadilleck :« Je vais la dépecer, la bouillir ensuite dans une grosse marmite grâce à mon fourneau et aller manger certaines parties de son corps sur la tombe du Grand Maître Angoualima » (p.187).

De tous ces scénarii, aucun ne sera mis à exécution par Grégoire. Il se réveillera le 30 décembre et apprendra à la télévision que Germaine a été tuée par quelqu'un d'autre. N'ayant pas pu réussir son crime, il est rejeté par Angoualima :« ...tu ne seras jamais un vrai criminel. [...] Laisse ce boulot aux autres et continue à frapper comme un con sur les carrosseries des voitures accidentées de cette ville, tu n'es bon qu'à ça » (p.220).

African Psycho est le roman de la mort. La culture de mort est généralisée et traverse de part en part l'œuvre. La mort a un goût sucré (p.162) et demande à la fois une préparation psychologique et matérielle. C'est tout un art qui n'est pas donné à tout le monde mais à des hommes d'exception comme Angoualima, qui même mort continue son œuvre macabre.

II. Les morts ne sont pas morts

Vincent Thomas, après une quinzaine d'années de réflexion sur la mort est parvenue à la conclusion suivante : « En Afrique, rien n'est fin, la mort est une naissance, elle n'est jamais une rupture »[101]. Cette conception selon laquelle les morts ne sont pas morts transparaît dans la fiction romanesque africaine à travers la figure spectrale.

2.1 La figure spectrale

African psycho est marqué du sceau du double. Même mort, Angoualima continue d'apparaître à Grégoire au cimetière des Morts-qui-n'ont-pas-droit-au-sommeil. Lors de ses visites quotidiennes au cimetière l'esprit d'Angoualima lui parle (p.18). Il apparaît sous une forme spectrale, fantomatique pour sermonner Grégoire, pour le traiter d'« imbécile », d'« idiot » et de « minable assassin » dont les vagissements criminels jettent le discrédit sur la corporation des *serials killers*.

Dans le roman d'Alain Mabanckou, les morts refusent de mourir, de quitter le monde des vivants; on passe sans cesse de la mort à la vie, d'un monde réel à un monde irréel, merveilleux. Ces quelques vers du poème « Souffle » de Birago Diop rendent mieux cette atmosphère macabre :

> *Ceux qui sont morts ne sont jamais partis*
> *Ils sont dans l'ombre qui s'éclaire*
> *Et dans l'ombre qui s'épaissit, (...)*
> *Ils sont dans la case, ils sont dans la foule*
> *Les morts ne sont pas morts.*

Angoualima, même mort, règne en maître incontesté; il voit tout et rien ne se fait sans qu'il ne le sache du fond de sa tombe (p.61). Après le meurtre de Germaine quand Grégoire vient le voir au cimetière des Morts-qui-n'ont-pas-droit-au-sommeil,

---

[101] Louis-Vincent Thomas, *La mort africaine : idéologie funéraire en Afrique noire*, Paris, Payot, 1982, p.232

et se fait passer pour le véritable assassin de Germaine, Angoualima, hors de sa tombe, débout, une main posée sur la croix sépulcrale, lui dit : «Tu me crois mort, et pourtant j'ai l'œil sur tous les crimes de cette ville! Aucun meurtrier ne peut lever sa main pour frapper sans que l'Éternel Angoualima le ressente du fond de sa tombe!...Tu n'es qu'un menteur...» (p.217).

Cette figure spectrale refuse de partir, mieux, dans le roman, il donne l'impression de n'avoir jamais été mort. Il reste parmi les vivants jusqu'à la mort de Germaine pour entreprendre son ascension au ciel pour se « reposer et continuer à chier sur la société » en attendant le jugement dernier.

Double, Angoualima l'est par le fait qu'il est à la fois vivant et mort. Les deux Angoualima dans le roman se distinguent nettement au plan typographique. Angoualima, le vivant est matérialisé par l'emploi du caractère normal. Quant au mort, la figure spectrale il est marqué au plan formel sur la page par l'emploi de l'italique. Aux pages 133 à 140 Grégoire Nakobomayo transcrit sa conversation avec Angoualima, le mort. L'investissement curieux des pages aide le lecteur à comprendre que Grégoire est en pleine discussion avec Angoualima, le mort. Les propos d'Angoualima sont en italique et ceux de Grégoire en caractère normal. L'italique restituant l'état de mort d'Angoualima qui apparaît dans un brouillard à Grégoire au cimetière :

> *«Qu'est-ce qu'il y a encore, Tête rectangulaire, tu as une bonne nouvelle à m'annoncer ou pas? a-t-il dit.*
> -Grand Maître, je dois te parler, c'est très important, ai-je répondu.
> *-Ah, nous y voilà! Quand est-ce que je vais enfin me reposer et ne plus être dérangé par tes vagissements?*
> -Grand Maître, tu es tout pour moi. (p.133)

Dans *African psycho* le récit est « pimenté » d'histoires de sorcellerie et d'apparitions. L'œuvre baigne dans un univers surnaturel où les êtres sont dotés de pouvoirs occultes, mystiques. Typologiquement, l'on peut parler de « roman gothique »[102] dont le trait principal est le noir, le sordide, le macabre. Angoualima, par exemple, a une parfaite maîtrise de l'art du mpini, « cette faculté de se rendre invisible en récitant des formules insondables même pour les charlatans et les sorciers du pays » (p.63). Grand maître du *mpini*, il apparaît à Grégoire au cimetière des

---
[102] Daniel Fondanèche.*Paralittératures*. Paris : 2005, p.37

Morts-qui-n'ont-pas-droit-au-sommeil. Après la mort de Germaine, Grégoire a du mal à bien le distinguer, car « il n'est plus que l'ombre de lui-même » et qu'« il se confond un peu avec le brouillard » (p.215). Sa disparition s'accompagne de phénomènes climatiques paranormaux : le brouillard s'épaissit et devient opaque, le tonnerre gronde et il pleut abondamment (p.220).

Ailleurs, dans *Les soleils des indépendances* de Kourouma l'ombre de Koné Ibrahima qui« n'avait pas soutenu un petit rhume » (p.7), comme « tout Malinké, quand la vie s'échappa de ses restes, (...) se releva (...) et partit par le long chemin pour le lointain pays malinké natal pour y faire éclater la funeste nouvelle des obsèques » (p.7). L'incipit du roman est une reprise de la conception selon laquelle il y a une vie après la mort, que les morts ne sont pas morts. Koné Ibrahima est capable de suivre ses propres obsèques même après sa mort.

2.2 Une mort initiatique

Dans *Le Jeune homme de sable*, la mort est tout un rite conduisant à une victoire. Avec Oumarou, la mort est vécue comme une initiation. De la page 160 à 185, sa mort suit un processus initiatique qui se fait en trois étapes. La première part du départ de la ville à la pause-thé (*Le Jeune homme de sable*, p.160-171). C'est l'occasion pour Oumarou de faire le bilan de sa vie. Il prend conscience que sa vie est un échec. Échec dans la mesure où il a vécu jusque-là « comme un personnage de roman » (p.160). Mais, c'est alors qu'interviendrait une voix énigmatique qui entreprend la formation d'Oumarou. Cette voix ou ce maître de cérémonie permet à Oumarou d'entamer sa seconde phase initiatique (p.172-182) : «... Tu as toujours cru que tu pouvais faire ce qui te plaît ; c'est pour te *détromper* que je suis revenue ». La formation s'avère être le commencement d'une nouvelle manière de vivre. Elle atteint son apothéose lors de la dernière étape (p.182-185). On assiste à une naissance symbolique, à une renaissance d'Oumarou. Ayant passé avec succès les différentes épreuves de l'initiation, sa mort se transfigure en résurrection. Quoiqu'absent de corps, il est présent dans l'esprit de ses concitoyens, leur insufflant le courage d'agir. Certes, « on ne parlera plus [d'Oumarou] mais [lui] donnera tout le temps aux autres le courage d'agir contre le mal » (*Le Jeune homme de sable*, p.185). La mort d'Oumarou est un échec apparent : elle est une renaissance et un exemple de courage pour les autres. Sa mort prend une charge mystique qui entretient l'énergie de la lutte dans l'esprit de ses concitoyens. Plus qu'une simple mort, il faut lire dans cette fin initiatique d'Oumarou, une victoire sur la mort, dans la mesure où « la mort augure presque toujours un nouvel ordre, un nouveau monde, de nouvelles valeurs...»[103]

Conclusion

African psycho et *Les naufragés de l'intelligence* sont des romans de la mort, du crime. Ils plongent le lecteur au cœur même du crime. Par l'intermédiaire d'Angoualima, de Grégoire Nakobomayo et de N'da tè, ces figures emblématiques, on découvre le côté « sucré de la mort ». Les vagissements de Grégoire Nakobomayo sur le sinueux sentier menant au panthéon des criminels montrent que l'art de tuer est réservé aux hommes d'exception comme Angoualima et N'da tè.

La fiction romanesque africaine est traversée par de grandes figures de *Serial killer* et de meurtrier psychopathe, qui continuent de pratiquer leurs activités macabres même après leur mort. Ce qui fait que dans les romans examinés, les morts ne sont jamais morts. Si sous la plume des romanciers cela est possible, dans la réalité il est bien de se souvenir de ces paroles d'un sage roi de l'orient : « les vivants savent qu'ils mourront ; mais les morts, eux, ne savent rien (…) car il n'y a ni œuvre, ni plan, ni connaissance, ni sagesse dans la maison de la tombe, le lieu où tu vas ».

Cette communication est aussi un hommage à Cabakulu qui, s'en est allé dans l'autre monde. Ainsi, ceux qui écriront demain l'histoire de la littérature africaine retiendront certainement que le critique Mwamba Cabakulu est tombé, pour ainsi dire, les armes à la main, sur le champ de bataille, en vaillant combattant. « En mourant ainsi [il est mort avec la certitude qu'il n'est pas mort]»[104]. A Mwamba Cabakulu donc on peut adresser et appliquer ces paroles de la petite voix dans *Le jeune homme de sable* : « On ne parlera pas de toi, mais toi, tu donneras tout le temps aux autres le courage d'agir contre le mal, tout le temps tu parleras aux autres: c'est ça l'immortalité » (p.184-185).

---

[103] Alda Flora Amabiamina. « La mort dans le roman d'Ahmadou Kourouma : entre capitulation et sacrifice ». Louis Bertin Amougou (dir.) *La mort dans les littératures africaines contemporaines*. Paris: L'Harmattan, 2009, p.126
[104] Koffi Kwahulé. *Monsieur Ki*. Paris : Gallimard, 2010, p.103.

Bibliographie

ATCHA, Amangoua Philip. « African psycho : une écriture du macabre ». Louis Bertin AMOUGOU, (dir.). *La mort dans les littératures africaines contemporaines* Paris : L'Harmattan, 2009, pp.149-167

AMABIAMINA, Alda Flora. « La mort dans le roman d'Ahmadou Kourouma : entre capitulation et sacrifice ». Louis Bertin Amougou (dir.). *La mort dans les littératures africaines contemporaines*, Paris : L'Harmattan, 2009, pp.108-132

BLANC, Jean-Noël. *Polarville. Image de la ville dans le roman policier.* Paris : Presses universitaire de Lyon, 1991.

BLETON, Paul. *Ça se lit comme un roman policier.* Québec, Canada : Nota Bene, 1999.

CHEMLA, Yves. « Variations sur *African psycho* d'Alain Mabanckou» www.homepage.mac.com, consulté le samedi 31 mai 2008.

DUPUY, Josée. *Le roman policier.* Paris : Larousse, 1974.

ÉVRARD, Franck. *Lire le roman policier.* Paris : Dunod, 1996.

FONDANÈCHE, Daniel. *Le roman policier.* Paris : Ellipses, 2000.

FONDANÈCHE, Daniel. *Paralittératures.* Paris : Vuibert, 2005.

GBANOU, Selom Komlan. «Le fragmentaire dans le roman francophone africain». *Tangence*, n°75 (2004), pp.83-105.

GABOR, Thomas; Weimann, Gabriel. «La couverture du crime par la presse : un portrait fidèle ou déformé?». *Criminologie*, vol.20, n°1 (1987), pp.79-88.

KOLA, Jean-François. « Littérature n'zassa : une lecture postcoloniale du roman ivoirien ». DRISS, Aïssaoui (ed.). *Identité et altérité dans les littératures francophones.* Halifax : Dalhousie French Studies, vol. 74-75, 2006.

LACASSE, Germain. «Intermédialité, déixis et politique». *Cinémas*, vol.10, N°2-3, (2000), p.85-104.

MARSAUD, Olivia. «Rencontre avec Alain Mabanckou» www.findepartie.hautetfort.com consulté le samedi 31 mai 2008.

MOUDLIENO, Lydie. *Littératures africaines francophones des années 1980 et 1990.* Sénégal : Codesria, 2003.

NAUDILLON, Françoise. « Poésie du roman policier africain francophone » [En ligne]
   http ://www.ulaval.ca/afi/actes du colloques 2006, consulté le 04 novembre 2009.

PARENT, Georges-André. «Les médias : source de victimisation». *Criminologie*, vol.23, n°2 (1990), pp.47-71.
PRIEUR, Jérôme. *Roman noir*. Paris : Seuil, 2006.
PICARD, Michel. *La littérature et la mort*. Paris : PUF, 1995, p.3.
TRO DEHO, Roger. *Création romanesque négro-africaine et ressources de la littérature orale*. Paris : L'Harmattan, 2005.
THOMAS, Louis-Vincent. *La mort africaine : idéologie funéraire en Afrique noire*. Paris : Payot, 1982, p.232.

Le sens de la mort dans le roman féminin francophone

Alice Delphine TANG
Université de Yaoundé I
(Cameroun)

La problématique de la mort comme thème en littérature peut être considérée comme une banalité. Car en effet la question qu'on peut se poser est celle de savoir s'il existe une œuvre littéraire dans laquelle manque ce thème soit comme sujet, soit comme objet. En fait toute la problématique de ce sujet ne peut s'articuler que dans la manière dont chaque écrivain traduit cette réalité dans son imaginaire.

En l'inscrivant dans la littérature féminine, il s'agit d'aborder deux préoccupations, dont la première concerne une certaine critique qui a tendance à affirmer que les femmes s'intéressent dans leurs écrits à la condition féminine, minimisant les débats graves sur l'Histoire de l'humanité et les vrais sujets sur l'existence humaine. La lecture des écrits de femmes montre souvent le contraire de ces affirmations. Le roman féminin par exemple aborde tous les sujets qui préoccupent les hommes dans le monde contemporain, un monde marqué par les guerres, les génocides, le terrorisme et les agressions de toutes sortes. A côté de cette mort cruelle, illustration de la crise de cohabitation, des contradictions de coexistence entre les hommes, de non acceptation de l'autre, bref de la crise de l'altérité, elles représentent la mort ontologique, celle qui définit la condition humaine. Comment la mort est-elle représentée dans le roman féminin et quel sens doit-on donner à ces représentations ?

Le roman féminin francophone contemporain émerge parfois dans un contexte de psychose, de traumatisme où les écrivaines vivent dans un environnement complexe qui les amène à expérimenter la mort de l'autre, parfois à travers des témoignages à la télévision ou en direct avec les victimes. Le décryptage de la mort dans ces textes va ainsi combiner des approches sociologiques et psychologiques, parce qu'elle est un fait de société et un fait existentiel, philosophique.

1. Les conflits mortels dans le roman féminin

Le choc lié à la cruauté du monde contemporain incite parfois les femmes à écrire des romans. De l'aveu même d'une écrivaine comme Leonora Miano, l'écriture peut naître d'une telle situation. Elle a avoué lors d'une interview que son premier roman *L'Intérieur de la nuit* lui a été inspiré par une émission vue à la télévision sur la guerre au Libéria. On sait aussi que cette guerre a inspiré certains autres écrivains comme Ahmadou Kourouma. L'écriture des atrocités du monde doit se lire comme une représentation réaliste de la vie humaine. Voilà pourquoi Dominique Maingueneau nous rappelle ceci : «Ce n'est pas que la littérature ait nécessairement besoin de présenter des univers déchirés ou absurdes, puisqu'il existe bien des œuvres qui chantent l'harmonie, mais le paradoxe, par une sorte de passage à la limite, met en évidence l'effet de tout travail créatif. »[105] Leonora Miano représente la guerre du Libéria vue à la télévision en un génocide dans la société du texte. De la guerre au génocide, le lecteur ne perçoit que le génocide alors que la romancière représente une guerre. En effet, la guerre oppose deux armées organisées, donc en principe deux Etats. La situation des conflits armés dans les pays africains, qu'ils soient des conflits civils ou politiques, se passe presque de la même manière. Car il s'y trouve toujours au moins un groupe armé n'ayant aucune organisation officielle. L'écriture romanesque ramène le génocide et la guerre politique dans la même enseigne pour traduire les formes de mort que ces conflits engendrent. Il s'agit d'une mort cruelle qui transforme l'être humain en une bête. En effet, c'est cette notion de bestialité que traduit la mort dans les romans qui décrivent les conflits armés. Dans *L'Intérieur de la nuit* de Leonora Miano, la mort qui attire le plus l'attention du lecteur dans le massacre déclenché par une bande de terroristes est celle d'un enfant qui a été égorgé par son propre frère sous l'ordre des rebelles et dont le corps a été préparé et mangé par tous les habitants de son village .Cette scène de cannibalisme sera pourtant justifiée par ces rebelles :

> *Cette chair était destinée au clan. Il n'était pas nécessaire d'en prélever plus. Quelques bouchées suffiraient pour sceller le retour aux valeurs ancestrales et rétablir chacun des villages dans sa fonction de membre d'un corps indivisible. Et tant pis si le fondement de ces valeurs paraissait obscur. Tant pis puisqu'il n'était pas question pour l'Afrique de rassembler ses plus beaux restes éparpillés çà et là sur le sol des*

---
[105] Dominique Maingueneau. *Pragmatique pour le discours littéraire*. Paris : Armand Colin,2005,p.168.

temps présents, mais bien de la précipiter dans les souterrains de son âme. [106]

Ces propos du narrateur jouent doublement sur le lecteur qui perçoit d'abord le caractère absurde de l'acte posé par les rebelles parce que ce sont ces derniers eux-mêmes qui déconstruisent le bien fondé de leur acte. Ils sèment la mort de la manière la plus désinvolte qui soit vis-à-vis de la vie humaine. Cette légèreté comportementale se lit dans l'énonciation. Le narrateur reproduit le discours du porte-parole des rebelles en insistant sur l'expression « tant pis ». Miano a donné pour nom à ce pays imaginaire où se déroule ce massacre, Mboasu, ce qui signifie « chez nous les Bantou ». Nous sommes donc ici en Afrique, presque l'un des rares continents où on verse le sang de ses propres frères dans des conflits absurdes sans gêne, sans remord, avec une légèreté qui frise la bêtise, mieux la folie. C'est pourquoi, parlant de la folie dans l'œuvre romanesque de Pius Ngandu Nkashama, Alexie Tcheuyap[107] associe cette folie sociale à la folie du pouvoir. La mort n'affecte pas la victime qui n'est plus en vie pour éprouver des émotions. Leonora Miano semble vouloir amener l'Africain à se révolter contre les massacres qui se passent dans son continent en le choquant avec des scènes d'horreur. Le roman produit un effet cathartique. Voici quelques scènes extraites de ce roman qui peuvent traumatiser tout lecteur :

> *- Epa ne laissa aucune chance à sa conscience. Son désir de paraître un homme aux yeux de ceux qu'il souhaitait tant rejoindre, réduisit au silence les percussions de son cœur. Aussi leste qu'un chat sauvage, il se glissa derrière le vieillard qui ployait toujours sous ses crimes inavoués et qui n'offrit pas la moindre résistance lorsque, se penchant dans sa direction, le jeune homme le saisit et lui trancha la gorge. Au fond, ce n'était pas plus difficile que de tuer une chèvre* [108]

Dans cette autre scène, la narratrice raconte une autre exécution faite par le jeune Esa cette fois:

---

[106] Leonora Miano. *L'Intérieur de la nuit*. Paris : Plon, 2005, p. 121.
[107] Alexie Tcheuyap. *Esthétique et folie dans l'œuvre romanesque de Pius Ngandu Nkashama*. Paris : L'Harmattan, 1998. Ce critique y soutient que la folie du pouvoir génère une folie sociale des individus, influençant l'écriture des romans et validant de ce fait l'hypothèse de la conception sociologique de la démence.
[108] Leonora Miano. Op. cit., p. 87.

> *Après l'avoir dépouillé de ses vêtements, on avait étendu à terre le jeune Eyia. Il avait cessé de se débattre. Ibanga tendit à Esa le couteau qui avait servi quelques instants plus tôt à mettre Eyoum à mort, et donc la lame était encore maculée de sang noir. Les deux autres lui maintenaient les membres au sol. Esa voulut lui couvrir la bouche de sa main pour l'empêcher de crier, pendant qu'il lui perforait la poitrine. Isango s'approcha et lui fit signe d'ôter sa main, et de prélever en premier les organes génitaux de l'enfant. D'une main mal assurée et les yeux baignés de larmes, il s'executa. Il dut s'y reprendre à plusieurs reprises pour découper l'ensemble. Le petit poussa un cri aigu, qui devait s'imprimer à jamais dans la mémoire de chacun.* [109]

Trois éléments se dégagent de cette fiction de la mort dans les génocides créés par Miano. La fiction montre trois catégories d'assassins : la première est celle de ceux qui ordonnent les tueries, que ce soit dans les guerres, les génocides ou même dans l'ombre. Cette catégorie est celle des dirigeants et de tous les détenteurs de pouvoir politique en Afriques. Les rebelles sont ici comme un groupe qui investit un pays dans le seul but de l'occuper et de le diriger. Ces groupes qui désignent toutes les formes de rébellion pervertissent souvent les enfants qu'ils utilisent pour exécuter les hommes. En fait, ces enfants sont des enfants soldats ; la preuve en est qu'Ahmadou Kourouma, qui s'est aussi inspiré de la guerre du Libéria, met en scène dans *Allah n'est pas obligé* ce personnage de l'enfant soldat. Ce roman de Miano est d'ailleurs le premier d'une trilogie, et le deuxième roman *Contours du jour qui vient*[110] montre clairement que le jeune Epa est devenu un enfant soldat. Parmi ces enfants, il y en a comme Epa qui rêve de devenir soldat quel que soit le prix à payer, y compris celui de sacrifier des parents. Mais ces jeunes finissent par être désenchantés. Beaucoup tombent dans la folie comme ce sera le cas avec le jeune Epa. Dans le roman africain postmoderne, la folie affecte les personnages victimes de la dictature et de l'égoïsme des dirigeants. Cette folie concerne des dirigeants qui, sous des visages « d'hommes forts » cachent un état pathologique. Tous les enfants soldats ne sont pas ambitieux comme Epa, il y en a qu'on contraint de tuer et qui, traumatisés par cette nausée et cet horreur, finissent également dans la folie quand ils ne sont pas exécutés tout simplement une fois perçus par les dirigeants comme étant des lâches.

---

[109] Ibid, p.119
[110] Leonora Miano. *Contours du jour qui vient*. Paris : Plon, 2006.

En outre, certains chefs traditionnels comme Eyoum tuent leurs victimes dans l'ombre par le biais de la sorcellerie. Le narrateur présente la mort de ce dernier comme une punition pour venger ceux qu'il aurait tués mystiquement. Bref, le roman africain présente généralement les massacres et la folie comme deux réalités indissociables.

Au delà de cette fiction de l'horreur meurtrière, il reste qu'elle est créée par un écrivain-femme. C'est ici où le débat sur l'écriture féminine suscite des interrogations. Peut-on lire la féminité dans cette fiction de Leonora Miano ? Certainement pas dans cette peinture de la cruauté. On imagine difficilement la sensibilité féminine dans cette écriture de l'horreur, car même la lecture de ces histoires peut devenir un exercice difficile. Les scènes sont plus crues que la réalité sociale qu'elle représente. On voit donc qu'à l'époque contemporaine le discours féminin littéraire subvertit le discours social. Les femmes ont parfois un langage osé à la limite révoltant et provocateur dans leur manière d'aborder les sujets graves qui animent les débats à l'époque moderne. Dire l'horreur dans toute sa cruauté est aussi un acte d'engagement. Mais la singularité de l'écriture féminine peut se lire dans ce roman au niveau du choix des personnages. Les personnages féminins sont témoins des scènes d'exécution dans lesquelles sont tués leurs maris et leurs enfants dans une posture d'êtres impuissants. Toute la scène des massacres qui se passe dans ce roman est suivie de bout en bout par une jeune fille, Ayané, la fille de l'étrangère. Elle est perchée sur un arbre et observe tout ce qui se passe. En outre, elle garde le silence comme si elle n'était pas concernée par cette scène. N'est-ce pas ce qu'Aimé Césaire[111] avait qualifié d'attitude de spectateur ? Quoi qu'il en soit, cette œuvre de Leonora Miano semble indexer les Africains, sans distinction, d'être d'une manière ou d'une autre des acteurs de la mort par génocide dans leur continent.

Cette mort atteint et détruit les êtres physiquement et psychologiquement. Malgré le fait qu'Ayané est assez éloignée de cette scène de charcuterie humaine, elle tremble d'effroi comme ceux qui sont sur la scène d'exécution :

> *Un gamin croisa ses yeux et se mit à pleurer. Ils tremblaient de tout leur être, et plus ils se forçaient de le cacher, plus ils se sentaient glacés en dedans. Ayané, pourtant assez éloigné de la place du village, tressaillaient intérieurement elle aussi. Tout dans l'attitude de ces miliciens suscitait l'effroi.* [112]

---

[111] Aimé Césaire le dit dans son long poème *Cahier d'un retour au pays natal*.
[112] Leonora Miano. *Op. cit.* p. 84.

Cette manière d'écrire l'horreur est propre à Leonora Miano. Certaines autres romancières comme Assia Djebar représentent la guerre sans donner à voir des scènes horribles. En lisant les romans d'Assia Djebar, le lecteur se rappelle de la règle de bienséance qui avait cours à l'époque classique où le théâtre devait éviter la mise en scène de ce qui pouvait choquer le public. Le texte romanesque, comme le démontre Erving Goffman[113], est une mise en scène de la vie quotidienne. C'est donc comme une pièce de théâtre. Assia Djebar dit la guerre tout en ménageant l'état psychologique de son lecteur. On le voit par exemple dans cet extrait du roman *Les enfants du nouveau monde* :

> *Le désordre avait commencé : les premiers coups de feu des policiers, le premier mort un marchand de légumes que Yousser connaissait et qu'il avait vu, quelques minutes auparavant, les bras et la poitrine dénudés, rire de joie parce que sans doute il aimait les champs et les bruits), une bousculade aux premiers rangs qui avait dégagé le centre. Un deuxième homme était tombé.*[114]

Assia Djebar choisit des mots simples pour décrire le spectacle des tueries pendant cette guerre de la décolonisation de l'Algérie. Il est par ailleurs difficile de trouver chez cette romancière un texte dans lequel elle ne parle pas de guerre, mais c'est toujours dans un ton modéré. Dans un autre roman, *Les femmes sans sépulture*, qu'elle publiait en 2002, c'est-à-dire pratiquement à la même époque que Leonora Miano, elle choisit toujours de reprendre l'histoire de la guerre d'indépendance de l'Algérie. On constate que cette romancière algérienne a une écriture qui épouse les configurations du contexte social, en ce sens que le premier roman cité publié en 1962, c'est-à-dire pendant que sévissait la guerre, place son action dans le présent, tandis que le second, écrit en 2002, retrace le passé et se lit en termes de souvenirs. De ce fait, les morts de guerre sont évoquées en souvenir de leur mémoire :

> *Or après le jour de l'"indépendance, au cours de l'été suivant, j'apprends que ceux qui ont eu leurs fils morts au maquis et leurs maisons détruites à la dynamite-exactement mon cas !- avaient droit à être relogés en ville, que nous avions priorité sur toute maison abandonné par les Français qui avaient*

---

[113] Erving Goffman. *La mise en scène de la vie quotidienne.* Paris : Editions de Minuit, 1973.
[114] Assia Djebar. *Les enfants du nouveau monde.* Paris: Julliard, 1962, p.137.

> *préféré partir....Avec Allah, me dis-je, qu'ai-je besoin de lui rappeler mon mari tué et mes fils morts en héros, ? J'aurais pu au moins lui déclarer : le plus jeune d'entre eux a participé à presque tous les combats, depuis nos montagnes, jusqu'aux frontières de Tunisie* [115].

La mort chez Assia Djebar s'insère presque toujours dans le contexte de la guerre d'Algérie. Mais, si on se rend compte que cette romancière s'abstient à décrire l'horreur des tueries pendant cette guerre, c'est parce que son objectif est ailleurs. En effet, ce qui retient son attention, c'est moins les morts que ceux qui sont directement affectés par leur disparition, à savoir les femmes et leurs enfants. Les femmes des martyrs deviennent des réfugiés dans *Les enfants d'un nouveau monde*. Le roman montre le destin de la femme musulmane après la guerre. L'héroïne du roman garde toujours le silence malgré la difficulté dans laquelle elle vit avec ses enfants. Mais ce silence ne signifie pas qu'elle ignore ses droits. Dans le roman *La femme sans sépulture*, le lecteur perçoit comment cette femme tient à ses droits et à sa dignité. L'énonciation quant à elle montre cette mutation psychologique par l'alternance des paroles prononcées et des paroles pensées par l'héroïne. La réserve de celle-ci face au guide chargé de lui restituer ses droits, en occurrence la maison et tous les droits dont elle doit bénéficier de la part de l'Etat sous forme d'indemnisation, est une manière de respecter momentanément une tradition qui l'a marquée et contre laquelle elle prévoit de se révolter au moment opportun.

Bref, chez Leonora Miano, il s'agit, dans cette peinture des guerres ou des génocides, de choquer le lecteur, mieux la société pour l'amener à se révolter contre cet état de choses. Assia Djebar se penche sur la condition des femmes veuves et de leurs enfants. La mort dans la guerre fait plus de victimes que le nombre des morts qu'on y compte. La mort pendant les guerres est une mort brusque et collective, de ce fait, elle n'a pas la même image que la mort individuelle ou naturelle.

2. Les morts individuelles

A côté des morts causées par les guerres, les romancières représentent aussi la mort individuelle par opposition aux morts collectives, les génocides ou les catastrophes. C'est ici qu'on voit une variété des causes et des formes de mort. Nous avons dans cette peinture une pluralité des textes d'auteures provenant de plusieurs cultures et

---

[115] Assia Djebar. *La femme sans sépulture*. Paris : Albin Michel, 2002, p. 148-149.

pays, ce qui génère une variété de regards aussi. Nous avons recensé quelques catégories de ces morts dans des textes. Il y a d'abord ces morts qu'on ne voit pas dans la scène d'énonciation. Les narrateurs rapportent les cas de mort, à peu près comme ce que nous analysé plus haut chez Assia Djebar. Mais la différence est qu'il s'agit des morts survenues en dehors de la guerre. Parfois, l'énonciation mentionne seulement la mort, ou la laisse lire par l'absence sur la scène d'énonciation du personnage évoqué, comme dans le roman de la Canadienne Anne Hébert, *Les chambres de bois*.[116] Le texte présente des orphelins de mère qui vivent avec leur père :

> *L'année de la mort de la mère, il y eut un été chaud et si noir que la suie se glissait par tous les pores de la peau. Les hauts fourneaux rivalisaient d'ardeur avec le feu de l'été. Sous l'abondance d'un feu aussi dur, des femmes se plaignaient doucement contre la face noire des hommes au désir avide.* [117]

Dans les romans d'Anne Hébert, les enfants sont généralement des orphelins de mère, et la mort hante les vivants de la famille en termes d'un vide qui rend la vie triste à cause de l'austérité des hommes. Presque toutes ces œuvres présentent la bizarrerie du personnage masculin veuf.

La hantise de la mère morte prend une autre connotation dans le roman *De l'autre côté du regard* de la Sénégalaise Ken Bugul[118]. Dans ce texte la mort de la mère déclenche chez la fille un désir ardent de la revoir. Le récit se construit autour d'un dialogue outre-tombe entre la mère morte et sa fille. Celle-ci y exprime une jalousie vis-à-vis de sa nièce qui l'a marquée du vivant de cette mère. C'est une envie qui va se transformer parfois en une sorte d'hallucination où la fille perçoit parfois l'image de sa mère et surtout entend la voix de celle-ci quand il pleut. Le phénomène commence par un chant, puis s'ensuit la voix de la mère morte. Ken Bugul a été séparée très tôt de sa mère dans sa jeunesse. Pour l'enfant qu'elle était, c'est comme si sa mère avait trouvé la mort. La mort dans ses romans exprime alors la douleur des enfants que l'on sépare très tôt de leur génitrice. Cette soif de l'amour maternel transforme l'écriture romanesque qui devient comme un long poème lyrique. Tout ce texte est constitué de vers, une manière pour Ken Bugul de chanter l'amour maternel.

---

[116] Anne Hébert. *Les Chambres de bois.*, Paris : Seuil, 1958.
[117] Ibid ; p.28.
[118] Ken Bugul. *De l'utre côté du regard*. Alger : éd. Barzakh, 2008.

On ne verra pas le petit Clovis du roman *Au nom du père et du fils* de la Canadienne Francine Ouellette[119] tellement mortifié par l'absence de sa mère morte de suite de maladie ; non pas qu'elle ne lui manque, mais tout simplement parce que ce petit Indien métis a hérité du courage de ceux de sa race. Mais son calvaire viendra du mauvais traitement des hommes, ce qui lui fera toujours penser à sa mère. La situation des orphelins dans certains de ces romans n'est donc pas toujours conditionnée par l'absence de la mère morte, mais cette absence est durement ressentie lorsque l'entourage de l'orphelin exerce de la maltraitance sur ce dernier.

Ces morts individuelles et naturelles sont parfois causées par la maladie, comme les morts du Sida dont il est question chez la Camerounaise Agathe Ngo Baléba dans *Peurs virales*[120]. L'auteure de ce roman soulève ainsi le problème des nouveaux fléaux du monde moderne, parmi lesquels le SIDA (syndrome immuno-déficitaire acquis) qui allonge, aux côtés du paludisme et d'autres maladies, la liste des maladies qui causent le plus de mortalité en Afrique. Le roman de Ngo Baléba a la forme d'un texte de sensibilisation. La trajectoire de cette romancière montre d'ailleurs qu'elle est chargée de la communication dans une structure de développement, assistante d'un archevêque. Ce qui lui donne accès à toutes les couches sociales et favorise de nombreuses confidences qui, d'après son aveu, ont inspiré cette œuvre. Celle-ci est donc conçue à la fois comme un témoignage et un texte de sensibilisation. L'auteur a néanmoins créé toute une fiction et une énonciation comme dans tout texte romanesque, puisqu'elle a choisi ce genre. Le roman est un genre flexible qui intègre plusieurs autres genres, plusieurs discours. C'est ce qui fait dire à Bakhtine que son « discours naît dans le dialogue comme sa vivante réplique et se forme dans une action dialogique mutuelle avec le mot d'autrui, à l'intérieur de l'objet. Le discours conceptualise son objet grâce au dialogue. »[121]

Le suicide est une autre forme de mort qu'on retrouve dans le roman féminin et les causes de suicide varient selon les contextes. Moussa, un personnage du roman *Le ventre de l'Atlantique* de Fatou Diome se suicide par noyade dans l'Atlantique parce qu'il a été désillusionné par son bref séjour en France et parce qu'il n'arrivait plus à intégrer son milieu social une fois rentré au Sénégal. Il était devenu la risée des populations de son village et a préféré se donner la mort. Dans ce roman de Fatou Diome, la mort entretient très souvent des rapports avec l'immigration. L'instituteur de ce village cite aux jeunes, dans les conseils qu'il leur donne pour chasser le mythe de le France qui les habite, le cas de Moussa pour les décourager. La narratrice elle-

---

[119] Francine Ouellette. *Au nom du père et du fils*. Québec : litté, 2006.
[120] Agathe Ngo Baléba. *Peurs virales*. Paris : L'Harmattan, 2011.
[121] Mikhaïl Bakhtine. *Esthétique et théorie du roman*. Paris : Gallimard, 1978, p.103.

même s'est retrouvée en France pour se dérober du poids de la tradition. Et parmi les aspects négatifs de cette tradition, le meurtre des nouveaux nés dont les mères étaient célibataires l'a traumatisée. Le texte présente ce personnage comme quelqu'un qui voulait à tout prix sortir de la précarité dans laquelle il vivait avec ses parents. Il a saisi sans réfléchir la première occasion qui se présentait à lui pour se rendre en France. Fatou Diome attire ainsi l'attention des jeunes sur le danger de l'obsession à s'exiler en hexagone.

Dans le roman *Méandres* de Marie Françoise Rosel Ngo Baneg, un personnage féminin, Iniga, va se suicider presqu'aussi pour le motif de vouloir à tout prix changer de vie :

> Son unique support est devenue est demeuré cette main de fer qui lui enserre la gorge. Elle étouffe et prise de panique, se bat désespérément pour se raccrocher à quelque chose de solide qui reste introuvable. Peu après, elle réalise que ses yeux lui sortent des orbites et que la langue lui remplit progressivement la bouche, alors que le souffle de vie la quitte irréversiblement. Ce sont ses derniers contacts avec la réalité, avant qu'une nuit sombre ne l'avale pour de bon. Iniga Yama vient de se donner la mort dans une chambre sordide d'un quartier mal famé de la capitale économique. [122].

Ce personnage féminin s'est mis à tromper son mari avec un député de son arrondissement dont il enviait la femme, sans savoir que ce dernier n'était pas prêt à l'épouser, et qu' il s'amusait comme il avait l'habitude de le faire avec toutes les femmes. Lorsqu'il a quitté son mari, le député a refusé de l'épouser. Mais ce qui l'a amené à se suicider, c'est le meurtre de son fils abusé et violé par une bande d'homosexuels, amis de ce député. Ceux-ci l'ont tué lors de ce viol. Ayant compris que c'est parce qu'elle était devenue la concubine de ce maire que ce dernier s'est mis à convoiter son enfant et à le livrer en dernier lieu à ses amis, elle a considéré qu'elle était la vraie coupable de ce meurtre et s'est donnée la mort.

Ces deux types de suicide arrivent quand l'individu prend conscience de son erreur, n'arrive plus à se regarder ou à affronter la vie devant soi, qu'il décide de se soustraire à la vie.

Dans *Soupir* d'Ananda Dévi, les populations ont peur d'une colline parce qu'un corps s'y décompose. C'est le cadavre d'une folle qui s'est suicidée :

---

[122] Marie Françoise Rosel Ngo Baneg. *Méandre*. Paris : L'Harmattan, 2011, p.121.

> *Mais personne ne voulait la faire descendre, au milieu des milliers des mouches qui grouillaient sur elle, qui semblaient se nourrir d'elle. A peine restait-il une apparence humaine dans ses membres décharnés et ses yeux glauques braqués sur l'horizon. On a eu peur de ce qu'elle était devenue. De voir en face ce qui nous attendait tous. Nous n'avons rites habituels. Finalement, c'est Ferblanc qui s'est décidé. Il a grimpé à l'arbre. Nous avons étendu une bâche au dessus de lui. Il est resté un long moment perché sur une branche, les yeux perchés sur ceux de la folle. De loin, on aurait presque pu croire qu'ils s'entretenaient tous les deux de choses très importantes. C'était grotesque et effrayant. Il a ensuite essayé de couper la corde avec un canif. Le corps était violemment secoué, mais la nuée de mouches tenait bon. Enfin lorsqu'il est tombé, il a littéralement explosé.* [123].

On voit transparaître dans ce passage un aspect de la tradition et des croyances des peuples insulaires. La mort par suicide est perçue comme un mauvais signe, une manifestation de la malédiction. Personne ne veut toucher le corps d'un homme pendu. Mais en même temps, laisser le corps suspendu sans l'inhumer peut apporter des malheurs d'où le courage de Ferblanc qui est ici un acte de bravoure pour sauver toute la communauté mais qui est considéré par les autres comme un sorcier. Le narrateur construit une sorte de dialogue mystique entre Ferblanc et le corps de la folle. Cette construction montre que les autres personnages ne pouvaient pas le faire. Pour eux, poser un tel acte signifie qu'on détient un pouvoir mystérieux. Le corps d'un mort est sacré et redouté.

Certains romans présentent aussi, comme dans la vie réelle, des cas d'homicides aussi variés les uns que les autres. Dans *La piste africaine* de la romancière française Christine Arnothy,[124] nous retrouvons un cas d'homicide embarrassant. Il s'agit d'un homicide involontaire. Le narrateur est un ingénieur français démuni qui a épousé une riche américaine dont il était héritière. A la veille d'un voyage que le couple devait faire en Afrique, précisément au Kenya, ils ont une dispute. Le mari a un geste violent qui entraîne une chute de son épouse. Celle-ci meurt à la suite de cet accident. Sans que quelqu'un l'ait accusé, le mari juge que tous les éléments concordent pour qu'il soit perçu comme le meurtrier de sa femme. En fait, tout le décor était planté pour qu'il soit accusé comme tel. Pour échapper à cette accusation, affolée, lui qui sait que personne ne croirait à la thèse d'accident, enterre son épouse

---

[123] Ananda Dévi. *Soupir*. Paris : Gallimard, 2001, p. 18.
[124] Christine Arnothy. *La piste africaine*. Paris : Plon, 2007.

puis invente sa mort au Kenya où ils devaient se rendre le lendemain. Selon lui, il a réussi à camoufler un homicide involontaire en un crime parfait. Mais, quelques jours plus tard, il a commencé à avoir des ennuis avec des maîtres chanteurs et a projeté de faire un voyage pour le Kenya afin de bâtir un alibi.

Ce texte de Christine Arnothy traduit la panique qu'inspire la mort. Cette panique amène certaines personnes à poser des actes maladroits qui les rendent finalement coupables. Le narrateur de ce roman dit qu'il joue sa vie. Mais on voit plutôt qu'il joue avec la vie et d'un jeu dangereux.

Les mobiles qui guident certains homicides dans le roman féminin sont souvent flous. Par exemple l'héroïne du roman *Le cimetière des poupées* de Mazarine Pingeot forme avec son mari un couple admiré de tous dans leur société. Elle choisit de dissimuler sa grossesse pendant neuf mois, et de tuer son enfant après son accouchement. Cet homicide est perçu comme une sorte de folie parce qu'il est absurde. Personne ne comprend ce qui pourrait justifier un tel acte. Mais en fait, ce personnage a une perturbation psychologique complexe. Comme épouse, cette narratrice montre dans son récit qu'elle s'est révoltée contre son mari qui, tout en étant attachant, ne voulait pas la voir dans des tenues extravagantes. Seulement, quand le couple était invité, la dame remarquait que son mari regardait avec admiration celles des femmes qui avaient des tenues extravagantes. Et c'est lorsqu'elle se retrouve en prison après son meurtre qu'elle se met à lui révéler ces choses dans une lettre : « invisible, comme tu trouvais qu'il seyait à une femme. Pourtant j'avais remarqué que tu les regardais, ces femmes habillées avec soin, que tu leur souriais et même que tu leur plaisais. »[125]. Cette épouse dévouée ne fera jamais de reproche à son mari. Mais il va se construire en elle une destruction psychologique. D'ailleurs, en jugeant plus tard son acte, elle considère que son mari est coupable autant qu'elle-même :

> *Mais j'ai envie de te dire que tu es coupable aussi, toi, pour qui j'ai fait cela, parce que tu m'avais conditionnée, avec cette peur dans laquelle je respirais, j'enfantais. La peur que je n'avais plus tandis que je tuais, parce que ce que je tuais, c'était cette peur même. Prends-le comme un gage d'amour, je n'ai jamais su départir l'amour de la peur, je n'aime que ce qui me terrifie, sinon je ne sens pas, ceux que je méprise, c'est ceux qui*

---
[125] Mazarine Pingeot. *Le cimetière des poupées*. Paris: Julliard, 2007, p. 8.

> *ne m'inspirent aucune crainte, je ne les vois pas, ils n'entrent pas dans mon champ d'émotion...* [126]

Ce roman dont le titre annonce déjà la mort des enfants avec la métaphore « cimetière des poupées », se lit comme une cure psychanalytique, voilà pourquoi la narratrice elle-même invite à remonter très loin pour comprendre ce qui se passe en elle : « Alors il faudrait remonter si loin, mais si loin c'est trop loin et un acte est un acte et la mort est la mort, et la mort des autres est définitive, surtout quand on l'a donnée soi-même »[127].

C'est comme si l'héroïne de ce roman de Mazarine Pingeot posait un acte de violence vis-à-vis de son mari. La violence amène plusieurs êtres à commettre des crimes. Mireille Calmel[128] a créé ce genre de personnage qui sème la mort par vengeance dans son volumineux roman *Lady Pirate. La parade des ombres*. Si le titre de ce roman n'est pas très parlant comme *Le cimetière des poupées* de Mazarine Pingeot, l'illustration sur la deuxième de couverture montre la présence du crime. Cette couverture a l'image d'une main gantée tenant un poignard, ce qui justifie le sous-titre « la parade des ombres ». Celle qu'on appelle Lady Pirate est l'héroïne Mary Read dont le mari a été injustement assassiné par Emma de Mortefontaine et qui détiendrait sa fille. Lady Pirate joue de tout, y compris de ses charmes pour retrouver sa rivale afin de venger son mari. C'est à bord d'un navire pirate en compagnie de son fils Junior et d'un séduisant matelot Corneille qu'elle va arpenter la mer des Caraïbes, qu'elle va tenter de rattraper son ennemi et à percer le mystère d'un trésor qui ne cesse de se dérober.

Ces romans féminins qui organisent leurs actions autour des assassinats oscillent entre les genres de la paralittérature : roman policier, roman d'espionnage, roman d'aventure, mais sans épuiser les caractéristiques de ces genres. Dans le roman de Pingeot, la narratrice ne donne pas de place au suspens. L'auteure crée le genre épistolaire et offre à cette narratrice l'occasion de s'exprimer, de révéler son crime à travers les lettres. Le suspens ne dure que le temps de l'ouverture de la correspondance. Il n'y a donc pas d'énigme parce que le texte s'ouvre quand l'héroïne est en prison, ce qui signifie que sa responsabilité pour le crime a été établie. Par contre, la romancière transpose l'énigme et l'enquête au second degré. Ce qui constitue ce volet et l'éclatement de la vérité ne relève pas du code pénal, étant donné qu'à ce niveau on ne reconnaît pas la responsabilité implicite. L'héroïne sait

---
[126] Mazarine Pingeot. *op cit.*, pp. 18-19
[127] *Ibid.* p. 18
[128] Mireille Camel. *Lady Pirate*. Paris : XO EDITIONS, 2005.

bien qu'à ce niveau, la responsabilité du mari ne peut être engagée. Mais elle crée une sorte d'emprisonnement psychologique en donnant une mauvaise conscience à ce mari. Ce texte voile mal une sorte de victimisation de cette femme criminelle et une culpabilisation du mari. On perçoit les traces du féminisme dans ce roman malgré son style de voilement qui transparaît déjà à travers un titre métaphorique. Le roman féminin met généralement le lecteur directement sur la piste de l'assassin contrairement à ce qu'on voit dans le roman policier où l'énigme tisse le fil de l'intrigue.

3. La mort et la métaphysique

Le roman féminin décrit aussi un genre de mort qui relève du fantastique. Amélie Nothomb excelle dans ce genre de fiction. Dans *Cosmétique de l'ennemi*[129], on retrouve deux morts, celle d'une femme dont le décès est seulement rapporté et celle de son mari qui, des années plus tard après le décès de sa femme, va tout seul s'écraser la tête au mur.. Lorsqu'on suit l'intrigue de ce roman, tout paraît naturel. Mais la romancière glisse petit à petit des effets du fantastique qui rendent l'histoire ambiguë et brouille les pistes de l'intrigue. Tout commence dans un aéroport alors que le héros, Jérôme Angust attend un vol. L'avion a du retard. Mais il est abordé par un inconnu. En fait c'est cet inconnu qui va introduire l'insolite dans l'intrigue. Malgré l'attitude de Jérôme pour lui montrer qu'il est indésirable, l'homme ne le quitte pas et pose un lot de questions ennuyeuses. Jérôme croit à une situation normale, sauf que le personnage est bizarre par son comportement sans gêne. C'est ce dernier qui éclaire progressivement la situation qui continue d'échapper à son interlocuteur Jérôme, mais que le lecteur perçoit petit à petit dans les énoncés de l'inconnu : « Oui, la vie est pleine de ces petits désagréments qui la rendent insane. Bien plus que les problèmes métaphysiques, ce sont les infimes contrariétés qui signalent l'absurdité de l'existence. »[130].

Si Jérôme avait été attentif, voire avisé, il se serait posé la question sur la place de certains mots dans leur conversation comme « métaphysique », « absurdité de l'existence ». Le deuxième élément insolite est la révélation du nom de l'inconnu : « Texel. Textor Texel. ». Mais, sans que Jérôme lui ait dit son nom, il le prononce :

---

[129] Amélie Nothomb. *Cosmétique de l'ennemi*. Paris : Albin Michel, 2001.
[130] *Ibid.*, p.10.

« Pourquoi cette agressivité, Monsieur Jérôme Angust ? »[131] Textel. Textor Textel avoue lui-même à Jérôme que son nom est bizarre. Mais il va décrypter son nom et de ces longues explications, on peut retenir quelques aspects de ce nom bizarre : c'est un des prénoms de Goethe, Texto n'est pas différent du mot texte, et texte vient du latin *texere* qui signifie tisser ; ses parents sont morts quand il avait quatre ans en lui laissant cette identité mystérieuse. A côté des informations livrées par Textel. Textor Textel, le lecteur va remarquer qu'une expression revient très régulièrement dans le discours du héros quand il s'adresse à cet étranger : « Les êtres de votre espèce »[132], « Que peut-on faire avec les gens de votre espèce »[133]. Ainsi, sans le savoir, le héros découvre l'état surnaturel de son interlocuteur. L'organisation du récit dessine le caractère initiatique de ce roman. Le personnage Textel amène progressivement le héros à intégrer la réalité d'un monde qu'il ignore. Progressivement aussi, la réticence et l'agressivité du héros vis-à-vis de lui s'estompent aussi. La communication devient plus coopérative qu'avant. C'est une fois ce courant établi que Textel livre clairement les informations concernant l'autre monde auquel il appartient. Il indique qu'il a un chat (mystique) dans son ventre qui n'est autre chose qu'un mauvais esprit. Il engage un débat sur l'existence de Dieu qu'il traite de tous les noms, le comparant à Zeus ; bref, il introduit le héros dans un monde mystique en lui révélant sa position face à la croyance en Dieu : « J'aime surtout le jansénisme. Une doctrine aussi injuste ne pouvait que me plaire. Enfin une théorie capable de cruauté sincère, comme l'amour »[134]. Tout ce cheminement aboutit à la conclusion selon laquelle Textel est le double de Jérôme, que c'est lui qui avait tué la femme de ce dernier. Quand le héros découvre ainsi la vérité, il décide de tuer son double en écrasant sa tête contre un mur de l'aéroport. C'est ainsi qu'il s'écrase lui-même la tête et la police fait le constat d'un suicide.

Cette construction d'un univers mystique est une manière de décrire l'absurdité, le mystère qui entoure certains morts et de montrer à quel point l'homme ne peut, par sa seule raison, percer le mystère de la mort. Ici le héros commet des crimes sans que sa responsabilité puisse être établie par les hommes.

La même écriture du mystique se manifeste chez la Québécoise Claire Varin[135] dans son roman *Le carnaval des fêtes* dans lequel le héros craint d'avoir signé un

---

[131] *Ibid*. p. 11.
[132] *Ibid*. p. 17.
[133] *Ibid*. p.15.
[134] Amélie Nothomb. Op.Cit. p.35.
[135] Claire Varin. *Le carnaval des fêtes*. Québec : éd.TROIS, 2003.

pacte avec le diable. Grâce à un nez ultrafin il disait humer l'odeur de cadavres récemment ensevelis.

Dans ces deux romans par exemple, la frontière entre le monde des vivants et celui des morts est mince. C'est ainsi que ces romancières entendent familiariser l'être humain à un monde qui lui fait peur mais qui, malgré sa nature et ses lois très différents de celui des vivants n'en garde pas moins des liens fussent-ils invisibles.

Conclusion

Le radicalisme des mouvements féministes au XXe siècle a amené certains critiques et historiens de la littérature à ironiser sur les sujets traités par les femmes dans leurs œuvres. Les romans féminins francophones que nous venons de parcourir montrent que l'écriture féminine s'appuie souvent sur des sujets aussi graves que la mort ou la métaphysique, parfois dans un style très cru. Ces romans décrivent les différents types de mort rencontrés dans la société contemporaine en illustrant comment cette société tend à se familiariser avec la mort, tant celle-ci est présente à travers les guerres, les génocides, les homicides et les suicides. Mais il s'agit d'une peinture assez neutre qui ne laisse pas voir un engagement idéologique de ces auteures. Malgré la variété dans le traitement de ce sujet, on ne verra pas par exemple une allusion faite à des types de condamnation comme la peine de mort. Les romancières évitent de se poser en juges, mais montrent parfois la complexité dans la responsabilité des meurtriers. Beaucoup d'entre elles veulent donner à voir le caractère absurde de la mort et sa proximité avec la fatalité. Loin d'être le commencement d'une autre vie comme pensent certains, sa peinture dans ce roman prend la forme d'une révolte, révolte contre la destruction et le reniement de la vie que donnent les femmes. Ainsi, écrire la mort en montrant sa cruauté et sa monstruosité, c'est célébrer la vie malgré sa douleur.

Références bibliographiques

ARNOTY, Christine. *La piste africaine.* Paris : Plon, 1997.
BAKHTINE, Mikhaïl. *Esthétique et théorie du roman.* Paris : Gallimard, 1978.
BOURDIEU, Pierre. *Les règles de l'art.* Paris : Seuil, 1998.
BUGUL, Ken. *De l'autre côté du regard.* Alger : Terres solidaires, 2008.
CALMEL, Mireille. *Lady Pirate.* Paris : XO EDITIONS, 2005.
DEVI, Ananda. Paris : Gallimard, 2002.
DJEBAR, Assia. *Les enfants du nouveau monde.* Paris : Julliard, 1962.
DJEBAR, Assia. *La femme sans sépulture.* Paris : Albin Michel, 2002.
DIOME, Fatou. *Le Ventre de l'Atlantique.* Paris : Anne Carrière, 2003
GOFFMAN, Erving. *La mise en scène de la vie quotidienne.* Paris : Les éditions de Minuit, 1973.
HEBERT, Anne. *Les chambres de bois.* Paris: Seuil, 1958.
LIKING, Were Were. *La mémoire amputee.* Abidjan: Nouvelles Editions Africaines, 2004.
MAINGUNEAU, Dominique. *Le contexte de l'œuvre littéraire.* Paris : Dunod, 1993.
MAINGUENEAU, Dominique. *Pragmatique pour le Discours littéraire.* Paris : Armand Colin, 2005.
MBALLA MEKA. *Une nuit dans le sissongo.* Paris : l'Harmattan, 2009.
MIANO, Leonora. *L'Intérieur de la nuit.* Paris : Plon, 2005.
MIANO, Leonora. *Contours du jour qui vient.* Paris: Plon, 2006.
NGO BALEBA, Agathe. *Peurs virales.* Paris : l'Harmattan, 2011.
NGO BANEG, Marie Françoise Rosel. *Méandres.* Paris : L'Harmattan, 2011.
NOTHOMB, Amélie. *Cosmétique de l'ennemi.* Paris : Albin Michel, 2001.
OUELLETTE, Francine. *Au nom du père et du fils.* Québec : litté, 2006.
PINGEOR, Mazarine. *Le cimetière des poupées.* Paris : Julliard, 2007.
RAWIRI, Angèle. *Fureurs et cris de femmes.* Paris: L'Harmattan, 1989.
TCHEUYAP, Alexie. *Esthétique et folie dans l'œuvre de Pius Ngandu Nkashama.* Paris : L'Harmattan, 1998.
VARIN, Claire. *Le carnaval des fêtes.* Québec : TROIS, 2003.

La mort comme victoire : analyse de *Gouverneurs de la rosée* de Jacques Roumain et *Le jeune homme de sable* de Williams Sassine

Joseph NGANGOP
Université de Dschang (Cameroun)

Le lecteur des œuvres négro-africaines était habitué à la mort des personnages principaux médiocres, qui sonnait comme une sanction négative de leur mauvais comportement ou de leurs multiples forfaits. De plus en plus, cette option semble être battue en brèche par les auteurs qui déversent leur courroux plutôt sur des héros, ceux dont on voudrait voir les nobles projets aboutir à leur terme, comme s'ils voulaient les punir pour leur audace. Du coup, l'horizon d'attente du lecteur s'en trouve perturbé, et lui-même est décontenancé par cette structure narrative « illogique », cette distorsion qu'on lui impose, ce dénouement malheureux. Or, la mort, fin de la vie, est généralement envisagée avec beaucoup de tristesse et de peur. Pourtant, à y regarder de près, elle n'est pas strictement négative parce que porteuse de perspectives nouvelles et génératrice d'espoir. Les romans africains et antillais illustrent cette vision. Pour le montrer, nous convoquons deux écrivains dont les œuvres *Gouverneurs de la rosée* et *Le jeune homme de sable* présentent la mort comme le triomphe des forces du bien sur celles du mal. Par quels mécanismes esthétiques les auteurs transforment-ils le négatif en positif ? Cette lancinante interrogation renferme la problématique de la mort chez les deux écrivains. Mais avant d'en arriver à cette victoire, il convient de relever les formes de présence de la mort et la lutte contre ce fléau.

1-L'omniprésence de la mort

Gouverneurs de la rosée et *Le jeune homme de sable* peuvent être considérés comme de véritables nécrologies. Il s'agit d'abord de mort d'homme. En effet, dans le premier roman, la disparition naturelle de Johannes Lonjeannis ouvre les vannes à d'autres décès consécutifs au partage de terre du défunt patriarche entre les ayants droit. Sauveur Jean-Joseph assassine Dorisca. Incarcéré, le meurtrier finit ses jours en prison. La loi du Talion ainsi née continue et débouche sur un ultime assassinat : celui du héros Manuel par Gervilen. La peau zébrée de blessures, le premier succombe sous les coups de poignard assénés par le second. Dans le roman de Williams Sassine, Oumarou, le protagoniste principal meurt jeune, à la fleur de l'âge. Cet élève de classe terminale quitte la scène terrestre à peu près comme Samba Diallo de *L'aventure ambiguë*, c'est-à-dire « en plein midi de son intelligence ». L'accumulation des cadavres, l'exposition des corps inertes, traduisent une esthétique de la violence assassine, une virulence de la prédation.

Tout un vocabulaire plus ou moins macabre est perceptible. Lorsque Manuel reçoit le coup de poignard qui l'emporte définitivement, il s'écrie : « Je vais mourir » (*GR*. P. 177). « Nous mourrons tous … », tel est l'incipit de *Gouverneurs de la rosée* qui s'ouvre sur la marche de la gent animale, végétale et humaine vers la mort, avec l'hypertrophie de la poussière, symbole de la fragilité et de la volatilité annonciatrice d'une fin imminente. Bien plus, la posture des personnages est dictée par le constat de cette évidence. Délira est «accroupie », les yeux baissés, remuant la tête doucement en signe d'incertitude. Elle appelle au secours divin, laminée par le constat de la proximité de la mort qui crève les yeux à force d'évidence. Une inondation lacrymale, absente du *Jeune Homme de Sable*, envahit le texte de Roumain à la fin. Les cris de Délira (*GR*. p.184), triste, les yeux embués de larmes, les « grosses larmes » de Laurélien, Hilarion qui « renifle l'air » (*GR*. p. 185), les « grands gémissements » (*GR* ; p.187) d'Annaïse, « le chœur des pleureuses »(*GR*. p.190) qui « ont trop pleuré et qui n'ont plus de force » (*GR*. p.200), les « hurlements assourdissants » (*GR*. p.201), telles sont quelques-unes des expressions qui matérialisent l'exhalaison de la douleur générée par la mort et qui s'inscrivent dans un registre purement sinistre.

Cette mort physique s'accompagne de mort spirituelle avec l'acrimonie, l'amertume et l'idéologie du ressentiment qui se sont insinués dans l'intimité de la conscience des protagonistes. Tout un lexique de la division traduit la profondeur de la fracture sociale matérialisée par la ligne rouge, sorte de démarcation. Le différend est bien profond. Bienaimé confesse à son fils Manuel soucieux de cerner les causes du malaise qui sévit à Fonds-Rouge :

> *On a fini par séparer la terre, avec l'aide du juge de paix. Mais on a partagé aussi la haine. Avant on ne faisait qu'une seule famille. C'est fini maintenant. Chacun garde sa rancune et fourbit sa colère. Il y a nous et il y*

> *a les autres. Et entre les deux : le sang. On ne peut enjamber le sang (GR. p.65).*

En effet, le village est divisé en deux camps antagonistes, ennemis, suite à une querelle relative au partage de terre. Annaïse abonde dans le même sens et rend compte de cette atmosphère morose qui lamine Fonds-Rouge :

> *Ay, Manuel, ay, frère, toute la journée ils affilent leurs dents avec des menaces : l'un déteste l'autre, la famille est désaccordée, les amis d'hier sont les ennemis d'aujourd'hui et ils ont pris deux cadavres pour drapeaux et il y a du sang sur ces morts et le sang n'est pas encore sec (GR. p.98).*

La disharmonie, synonyme de mort spirituelle, se matérialise par la disparition du « coumbite », c'est-à-dire le travail d'équipe, qui signifie entente, solidarité, amour. C'est le règne de la haine, le renforcement de l'individualisme, la dislocation de l'équipe, l'époque des yeux baissés. Un personnage ne se prive pas de remuer les vieux souvenirs : « A l'époque, on vivait tous en bonne harmonie, unis comme les doigts de la main et le coumbite réunissait le voisinage pour la récolte ou le défrichage » (*GR*. p.16).

La société décrite par Williams Sassine ploie aussi sous le faix de la disparition des valeurs spirituelles. Ainsi, Oumarou, bien que tout petit, subit un traumatisme du langage parental. Abdou, le père de ce jeune homme, ainsi que Fati sa mère, semblent oublier le pouvoir meurtrier du verbe dans l'éducation de leur progéniture. Ils se privent de la subtilité verbale qui met l'enfant en confiance. Ce dernier se sent rejeté chaque fois qu'on le morigène en lui rappelant qu'il a été « ramassé » (*JHS*. p.8). Le milieu familial propage en lui une dose considérable d'anxiété qui ne va pas sans faire craquer ses repères vitaux, sans le déstabiliser et le pousser à vivre dans l'attente d'un véritable père pourvoyeur d'affection. En somme, Abdou, en tant que père narcissique se souciant très peu de l'harmonie familiale, saccage les fondements même de la famille nucléaire.

Cette société se distingue négativement par la disparition de l'équité, de l'honnêteté et de la justice, toutes des valeurs éthiques oubliées par le Guide et sa horde de dirigeants qui détournent l'argent du peuple dont les desiderata ne sont nullement pris en compte. L'enrichissement illicite est la norme, le détournement de l'aide internationale destinée aux pauvres est de rigueur. Le pouvoir et ses attributs obnubilent ceux qui l'incarnent, tuent en eux toute étincelle d'humanité, déciment dans leur conscience toute tendance altruiste. Leur degré d'insouciance est la conséquence de la dégradation des normes morales sans lesquelles toute société perd son équilibre. Les héros, loin d'être des victimes résignées, s'arment de courage, et se lancent dans de rudes batailles en vue d'éradiquer ces fléaux sociaux.

2-La lutte contre la mort

Les personnages, plus précisément les héros des œuvres, combattent cette pieuvre qu'est la mort, selon les moyens dont ils disposent et selon les situations. La première arme que propose Manuel est l'union face à l'adversité dans le but de renforcer le potentiel défensif. Le constat du mal s'accompagne d'un diagnostic méticuleux et d'une proposition de médication, ainsi que le révèle l'extrait suivant :

> *… C'est vrai, nous sommes malheureux, c'est vrai, nous sommes misérables, c'est vrai. Mais sais-tu pourquoi, frère ? A cause de notre ignorance : nous ne savons pas encore que nous sommes une force, une seule force : tous les habitants, tous les nègres des plaines et des mornes réunis. Un jour, quand nous aurons compris cette vérité, nous nous lèverons d'un point à l'autre du pays et nous ferons l'assemblée générale des gouverneurs de la rosée, le grand coumbite des travailleurs de la terre pour défricher la misère et planter la vie nouvelle* (GR. p.80).

La deuxième arme, c'est la dénonciation des postures improductives qui concourent au maintien du statu quo, la stigmatisation des attitudes suicidaires qui ankylosent l'individu et l'empêchent de prendre à bras le corps son destin. Telle est la quintessence de cette réflexion de Manuel livrée à Annaïse, où, en filigrane, le héros prône la réorientation des énergies :

> *Tu vois la couleur de la plaine, dit-il, on dirait de la paille dans la bouche d'un four tout flambant. La récolte a péri, il n'y a plus d'espoir. Comment vivez-vous ? Ce serait un miracle si vous viviez, mais c'est mourir que vous mourrez lentement. Et qu'est-ce que vous avez fait contre ? Une seule chose : crier votre misère aux loas, offrir des cérémonies pour qu'ils fassent tomber la pluie. Mais tout ça, c'est des bêtises et des macaqueries. Ça ne compte pas, c'est inutile et c'est un gaspillage* (GP. p.96).

Aussi – c'est la troisième arme - la recherche et la découverte de l'eau participent-elles de la volonté de venir à bout de l'instance productrice du trépas. L'eau, entre autres, va régénérer la terre calcinée et favoriser une agriculture florissante qui permettra à chacun de manger à satiété et d'écouler le reste de ses produits sur le marché. La fin de la misère va sonner le glas de la haine qui a consumé les âmes pendant des lustres. L'eau va laver et purifier Fonds-Rouge du sang souillé qui l'a maculé. L'herbe va pousser dru et le bétail retrouvera l'embonpoint pour la gloire des éleveurs et des consommateurs.

Oumarou pour sa part développe un vaste programme concocté en vue d'un changement radical et positif. Il veut détruire les tenants de cette société corrompue et bâtir sur leurs ruines une société juste et équitable où il ferait bon vivre pour tous. Il entend être le justicier qui doit regrouper les prolétaires pour la lutte contre les forces du mal. Voici deux des orientations capitales qu'il imprime à sa feuille de route : « Un jour, je deviendrai avocat, je défendrai la cause de tous les pauvres, je ferai reculer l'empire du sable » (*JHS*. p.86) « Je rassemblerai tous les malheureux et ensemble, nous réinventerons le bien et le mal, la justice, l'égalité » (*JHS*. p.87). Renverser le statu quo et instaurer un ordre social plus équitable, tel est le dessein final du personnage.

La stratégie qu'il adopte pour concrétiser le programme de sa quête, ce sont la dénonciation et les grèves dont l'objectif est de sensibiliser le Guide, l'opinion nationale et internationale sur la gravité des maux qui sévissent dans le pays : système éducatif extraverti, culte du diplôme, égoïsme, etc.

Des tracts sont confectionnés et distillés au sein des populations dans ce sens. Oumarou tente de dessiller les yeux de ses concitoyens en leur montrant les véritables auteurs des maux sociaux car les discours officiels les imputent à Dieu et à des forces occultes : « Chaque jour, vous montrez à ceux qui vivent de votre peur que vous êtes incapables de vous unir pour vous défendre. Je connais le domicile du coupable » (*JHS*. p.44). On le voit, il veut inciter le peuple à la révolte. Le poème pamphlétaire par lui rédigé et intitulé « Le militaire qui n'a pas de couilles » est significatif à cet égard. Le pouvoir du verbe et ses effets perlocutoires sont utilisés pour toucher la fibre sensible des hommes en treillis afin qu'ils retournent la violence contre l'Etat.

Les deux protagonistes à savoir Manuel et Oumarou tombent, les armes à la main au champ de bataille où ils affrontent avec courage et détermination l'adversaire, présenté sous de multiples facettes. Il s'agit de « belle » mort, au sens latin du terme. En effet, pour les Grecs, la « belle » mort est celle qui se déroule au front où le héros tombe à la fleur de l'âge. Bien qu'ils aient donné un sens à leur existence, ils meurent jeunes sans avoir parcouru toutes les étapes d'une vie normale, bien remplie. Rien ne prouve qu'ils étaient au bout de leurs efforts et qu'ils n'avaient plus rien à offrir à leur peuple respectif. Dans ce sens, il est question de « mauvaise mort » comme le constate Marie-Rose Abomo-Maurin(2009 : 85). Mais rien n'interdit non plus l'analyste de parler de « la bonne mort », au sens où l'entend Jacques Chevrier (1987 : 116), à savoir une apothéose, une renaissance. La quête des valeurs authentiques cristallise l'engagement des héros qui ont soif de justice, de paix, de fraternité dans un monde dominé par la violence et l'immoralisme. Selon Marie-Claire Kerbrat, « Un homme, un héros en l'occurrence, ne vaut point par ce qu'il paraît, mais par ce qu'il fait » (2000 : 4).

S'il est difficile de déterminer avec précision leur âge, les faits narrés en font de jeunes. Oumarou est un adolescent en train de boucler son cycle secondaire ; Manuel aussi est jeune, bien que plus âgé que son alter ego, bien que mûri par l'expérience de la vie qui lui a inculqué le parler des hommes séniles ; c'est une maturation précoce au contact de la dure réalité de terrain à Cuba. Les deux morts, conséquence d'une agression, relèvent de la « mauvaise mort ». L'un est assommé par Gervilen, l'autre par les hommes politiques. Si avec le premier, il y a espoir d'une continuité familiale avec la grossesse que porte Annaïse, tel n'est pas le cas pour le second, mort sans avoir pris épouse ou sans avoir atteint la nubilité ; par conséquent, il ne laisse aucune progéniture pour le perpétuer, ce qui est très grave dans la mentalité collective négro-africaine. Quoi qu'il en soit, l'âge biologique des personnages n'est pas un argument objectivement recevable qui justifierait leur disparition. Le tragique réside dans le fait qu'ils soient privés du bonheur jouissif de voir grandir et prospérer leur rêve (Ano Baodi, 2009 : 142). Mais les deux écrivains, à travers leur roman respectif, ne font pas de la mort une épouvante mais une boussole.

3-La mort comme victoire

Manuel remporte une victoire sur lui-même, sur son instinct vengeresse d'homme en gommant de son esprit le criminel qu'il oublie très rapidement pour ne penser qu'à l'avenir et au bien. Le refus catégorique de la victime de décliner l'identité de son meurtrier participe du souci de rompre définitivement la chaîne de la vendetta, condition sine qua non de reprise de vie à Fonds-Rouge. En cela, Manuel n'agit pas comme un homme ordinaire prompt à la dénonciation et animé d'un esprit vindicatif. Cette tolérance qui l'anime et qui illustre sa grandeur d'âme est une victoire contre les forces du mal qui tirent l'homme vers le bas. La clémence de la victime à l'égard de son bourreau en fait un être pas comme les autres, une exception positive dont la hauteur d'esprit est révélée dans l'extrait ci-après :

> – *Dis-moi le nom de ce scélérat pour que je prévienne Hilarion.*
> *Il s'agita :*
> – *Non, non [...] ça ne servira à rien. L'eau, faut sauver l'eau. [...] Si tu préviens Hilarion, ce sera encore une fois la même histoire de Sauveur et Dorisca. La haine, la vengeance entre les habitants. L'eau sera perdue. Vous avez offert des sacrifices aux loas, vous avez offert le sang des poules et des cabris pour faire tomber la pluie, ça n'a servi à rien. Parce que ce qui compte c'est le sacrifice de l'homme. C'est le sang du nègre. Va trouver Larivoire. Dis-lui la volonté du sang qui a coulé : la réconciliation, la réconciliation pour que la vie recommence, pour que le jour se lève sur la rosée (GR. pp.180-183).*

Bien que l'assassin de Manuel soit connu, Délira comprend l'enjeu de l'idéologie qui sous-tend la démarche de son fils, joue à merveille le jeu en pointant l'index accusateur sur la fièvre que son fils a ramenée de Cuba et qui l'a terrassé. En refusant de jeter de l'huile sur le feu, cette femme au nom évocateur (Délira Délivrance) comprend l'urgence qu'il y a d'arrêter le cycle de la vengeance pour une renaissance de Fonds-Rouge. Dans la même logique de réconciliation définitive, Annaïse prête le serment de garder le secret de cette mort en rejetant la thèse du crime pourtant évidente pour que triomphe à jamais l'idéal de Manuel. C'est pourquoi elle opte pour le silence chaque fois que le nom de Gervilen est évoqué. Ainsi, au nom de la paix, l'éventualité d'un procès pour le criminel est évacuée. Sans doute aura-t-il à affronter une seule juridiction, celle de sa conscience. Le déplacement de Délira dans le camp adverse pour y lire à haute et intelligible voix le testament de Manuel, centré sur la paix et la réconciliation et destiné à tous y compris à Gervilen, rentre dans le même souci d'enterrer la hache de guerre et de voir la vie reprendre.

> *... Je suis venue pour vous rapporter la dernière volonté de mon garçon. C'est à moi qu'il parlait mais c'est à vous tous qu'il s'adressait : « Chantez mon deuil, qu'il a dit, chantez mon deuil avec un chant de coumbite.*
> *On chante le deuil, c'est la coutume, avec les cantiques des morts, mais lui, Manuel, a choisi un cantique pour les vivants : le chant du coumbite, le*

chant de la terre de l'eau, des plantes, de l'amitié entre habitants, parce qu'il a voulu, je comprends maintenant, que sa mort soit pour vous le recommencement de la vie (GR. pp. 211-212).

Le dernier chapitre du roman n'est-il pas intitulé à juste titre la fin et le commencement ? Et à propos de cette vie qui doit reprendre, il faut d'ailleurs dire qu'elle s'annonce sous de meilleurs auspices avec le bébé qu'attend Annaïse. La jeune femme enceinte annonce la fertilité, la fécondité de la vie. Il convient de préciser que cette grossesse est issue des œuvres de Manuel. Déjà, Délira est heureuse à l'écoute du chant des hommes qui travaillent à faire venir l'eau au village et s'exclame :

    - *Oh Manuel, Manuel, Manuel, pourquoi es-tu mort ? gémit Délira.*
    - *Non, dit Annaïse et elle souriait à travers ses larmes, non, il n'est pas mort.*
    Elle prit la main de la vieille et la pressa doucement contre son ventre où remuait la vie nouvelle (GR. p.219).

Cette scène particulièrement significative parce que se situant à la clausule du roman a son pendant dans *Le jeune homme de sable*, notamment à l'incipit où Oumarou fait un cauchemar dans lequel Tahirou, décapité, est sauvé par une femme : « Une femme se relève parmi les cadavres, elle me court après et colle en passant la tête de Tahirou à son tronc » (*JHS.* p.22). Ces deux images qui mettent la femme et la fécondité à l'avant-scène, sont des formes d'injure contre la mort en même temps qu'une postulation de la vie. Le cauris que détient Oumarou rappelle par sa morphologie le siège de la fécondité féminine.

Les deux morts, loin d'être des signes de défaite, apparaissent plutôt comme le détour par lequel Manuel et Oumarou doivent transiter pour inscrire leur nom d'une pierre blanche dans l'édifice de la civilisation. Leur sacrifice tient à des causes idéologiques. Dans la plate-forme de l'esthétique romanesque négro-africaine, une cause, pour faire école, doit être ensemencée avec le sang de son instigateur. C'est le canal par lequel elle peut germer, fleurir et porter des fruits mûrs. C'est dans ce sens que Manuel et Oumarou se hissent au piédestal de héros. Dans *Wirriyamu*, un autre roman de Williams Sassine, Kabalango répondant à une question de Condelo, dit du héros que « c'est quelqu'un qui ouvre un chemin [...]. La mort le sanctifie » (*W.* p.109). La littérature offre la mort comme une perspective de dépassement. La disparition de ces héros relativise la thèse de Yasmina Khadra selon laquelle « Mourir est le pire service que l'on puisse rendre à une cause » (2004 : 333).

Les héros se muent en hérauts. Ils sont protagonistes exemplaires et en même temps porte-parole. Au sujet d'Oumarou, le narrateur affirme : « On ne parlera pas de toi, mais toi, tu donneras tout le temps aux autres le courage d'agir contre le mal, tout le temps tu parleras aux autres : c'est ça l'immortalité (*JHS*. p.185). Il s'agit de ce que Lamine Ndiaye appelle « mort bavarde » (2009 : 11), c'est-à-dire la communication entre les vivants et ceux qui ont trépassé, l'imposition d'un rapport dialogique entre les uns et les autres. C'est la révélation de « la toute-puissance des imaginaires socioculturels par l'intermédiaire desquels la mort ne se réduit plus à une fin de la vie. Elle devient l'instant à partir duquel la communion avec les « disparus chers » est de mise » (Lamine Ndiaye, 2009 : 13). L'événement nécrologique offre la probabilité d'une vie après la mort. Ahmadou Kourouma confirme dans *Les soleils des indépendances*, cette thèse de la réincarnation :

> *Donc c'est possible d'ailleurs sûr, que l'ombre a bien marché jusqu'au village natal ; elle est revenue aussi vite dans la capitale pour conduire les obsèques et un sorcier du cortège l'a vue, mélancolique, assise sur le cercueil. Puis l'ombre est repartie définitivement. Elle a marché jusqu'au terroir malinké où elle ferait le bonheur d'une mère en se réincarnant dans un bébé malinké* (1968 : 10).

Les titres des œuvres sont symptomatiques. Il y a lieu de relever leur résonance profondément métaphorique qui dégage l'idéologie des héros, voire des auteurs. Le sable, noyau symbolique, se caractérise par sa nature poreuse qui renvoie à la détermination du Jeune homme à rejeter les miasmes de la société. Par l'eau qu'il évoque, il faut penser à la volonté du héros de purifier les hommes plongés dans le mal. Le sable évoque enfin par sa minéralité l'immortalité d'Oumarou et celle des valeurs positives qu'il incarne. Avec une ferveur quasi mystique, il croit à l'éternité : « Je suis une voix que les gouvernements traquent tout le temps : on m'assomme, on me bastonne, on me tire dessus, mais je ne meurs jamais… » (*JHS*. p.183).

Le titre du roman de Roumain est tout aussi significatif. Un gouverneur de la rosée est celui qui apporte l'eau à la terre, c'est-à-dire la vie à la nature entière. C'est grâce à lui que l'homme se libère d'un espace tragique et d'un destin hostile. A en croire Bachelard, le bruit des eaux « prend tout naturellement les métaphores de la fraîcheur et de la clarté. Les eaux riantes, les ruisseaux ironiques, les cascades à la gaieté bruyante se retrouvent dans les paysages littéraires les plus variés. (Bachelard, 1942 : 47). Pour Marcelline Nnomo, « de par ses vertus cathartiques, l'eau vivante purifiera le village de la présence tragique du sang et de la haine » (1981 : 248). La rosée est d'ailleurs une eau pure, fraîche, qualitative, aux vertus cathartiques avérées dans de nombreuses civilisations.

En définitive, *Gouverneurs de la rosée* s'ouvre sur la mort et se ferme sur la vie. On va d'un monde dégradé par la sécheresse physique et spirituelle vers un univers plus viable, fruit des efforts soutenus de Manuel. *Le jeune homme de sable* montre un personnage qu'on découvre par ses actes, bien décidé à extirper le virus qui ronge la société. En dépit de sa mort précoce, sa révolte contre un ordre social inique suscite de l'espoir et annonce un monde balayé de jouissances mondaines, de paresse, d'exploitation de l'homme par l'homme, de cruauté, tous des vices entretenus par des suppôts du diable. Ces héros sont des forces qui veulent assurer le bonheur à tous, « à la manière du laboureur qui dans son champ sème, sur des vies arrachées, une autre vie » (Sassine, 1976 : 134). Manuel et Oumarou alimentent « la source vive » des valeurs humaines universelles. La positivation de la « faucheuse » par les écrivains se veut une interpellation de l'Homme à se libérer des angoisses et des traumatismes qu'elle génère pour postuler à l'immortalité.

Références bibliographiques

ABOMO-MAURIN, Marie-Rose, 2009. « Les morts violentes dans le roman camerounais ». In : AMOUGOU, Louis-Bertin (éd.). *La mort dans les littératures africaines contemporaines.*. Paris : L'Harmattan, pp. 77-93.
AMOUGOU, Louis-Bertin (éd.). *La mort dans les littératures africaines contemporaines.* Paris : L'Harmattan, pp. 11-30.
BACHELARD, Gaston, 1942. *L'eau et les rêves.* Paris : Corti.
BOADI, Ano, 2009. « La mort du héros positif : l'au-delà du paradoxe ou la non-mort : l'exemple de Saint-Monsieur Baly de Williams Sassine ». In : Amougou, Louis-Bertin (éd.). *La mort dans les littératures africaines contemporaines.* Paris : L'Harmattan. pp. 133-148.
CHEVRIER, Jacques, 1987. « Williams Sassine : des mathématiques à la littérature ». In : *Notre Librairie*, no 88-89, juillet-septembre 1987, pp. 111-119.
KERBRAT, Marie-Claire. 2000, *Leçon littéraire sur l'héroïsme.* Paris : P.U.F.
KOUROUMA, Ahmadou, 1968. *Les soleils des indépendances.* Monréal : Presses de l'Université de Montréal.
MOURALIS, Bernard, 2002. « Les disparus et les survivants ». In : *Notre Librairie*, No 148, *Penser la violence*, pp. 12-18.
NNOMO, Marcelline, 1981. « Tragique de l'absence et tragique de la présence dans *Gouverneurs de la rosée* de Jacques Roumain ». In : *Annales de la Faculté des Lettres et Sciences Humaines*, No 10, Yaoundé, pp. 243- 253.
ROUMAIN, Jacques, 1946. *Gouverneurs de la rosée.* Paris : Les Editeurs Français Réunis.
SASSINE, Williams, 1979. *Le Jeune Homme de Sable.* Paris : Présence Africaine.
...............,1976 *Wirriyamu.* Paris : Présence Africaine.
YASMINA, Khadra, 2004. *La part du mort.* Paris : Folio Gallimard.

Table des matières

La mort un motif littéraire..8
Témoignage et hommage à Mwanba Cabakulu...................................10
L'homme..11
Production littéraire..12
Collaboration scientifique...12
La vulgarisation et la promotion de la recherche..............................14
Hommage à Mohamed Mwamba CABAKULU......................................16
L'écriture de la mort...17

Le mythe de l'immortalité : principe d'invariance chez le Bantou de l'Ouest-Cameroun, chez les Orientaux et les Asiatiques
Odette DJUIDJE 18
1-La conception de la vie et de la mort chez le Bantou de l'Ouest-Cameroun, chez les Orientaux et les Asiatiques..18
2. Rapports entre les vivants et les morts chez le Bantou de l'Ouest-Cameroun, les Indiens, les Orientaux et les Asiatiques...20
3. La quête de l'immortalité chez les Bantous de l'Ouest-Cameroun, les Indiens, les Orientaux et les Asiatiques..22
4. Invariance des mythes, invariance de la création littéraire......................27
CONCLUSION...28
BIBLIOGRAPHIE..30

La mort dans la poésie orale funèbre camerounaise : le cas de *Voix de femmes* de Gabriel Kuitche Fonkou

Le doux Noël Fotio JOUSSE **31**
1-La souffrance et l'anéantissement...32
2-La jubilation..38
3-La perte de certains statuts et avantages.......................................40
4-L'adoption d'un comportement stoïque..43
Conclusion...45
Bibliographie..47

La mort-renaissance, une culture du phénix dans les littératures d'Afrique australe et caribéenne. L'exemple du Tout au contraire d'André Brink et de Solibo Magnifique de Patrick Chamoiseau

Thierno Boubacar BARRY **48**
1-Les personnages phénix..49
2-La mort stratégique...53
3-L'esthétique de la mort...55
Conclusion...57
Bibliographie sélective..59

Les héros et la Mort dans les épopées de Soundjata et de Gilgamesh

Alain Joseph SISSAO **60**
1-La thématique de la mort dans la littérature...................................60
2-L'expression de la mort dans l'épopée de Soundjata 64
3-L'expression de la mort dans l'épopée de Gilgamesh..............................65
4-Etude comparative de la mort dans les deux épopées 68
Conclusion...69
Bibliographie..71

Aspects de la mort chez les Beti (Cameroun). Analyse sémiologique de quelques chants funèbres
Auguste OWONO-KOUMA 73
I – Chants funèbres *beti* et croyances..75
1-1.L'au-delà..76
1-2.Les interventions des défunts...77
II – Chants funèbres *beti* et représentations...79
2-1.La mort..79
2.1.2 La mort comme traversée..80
2.1.3 La mort comme voyage...80
2.1.4 La mort comme période de crue..81
2.2 La vie..82
Conclusion..83
Bibliographie sélective..85

La mort et sa valeur emblématique dans le roman africain francophone
Philip Amangoua ATCHA 95
I-Les figures emblématiques de la mort..95
1-Angoualima, le Grand Maître du crime...96
2-N'da Tê et sa bande : des meurtriers en série..98
3-Gregoire Nakobomayo : un tueur psychopathe...99
II. Les morts ne sont pas morts..103
1 La figure spectrale..103
2 Une mort initiatique..105
Conclusion...106
Bibliographie...107

Le sens de la mort dans le roman féminin francophone
Alice Delphine TANG **109**
1. Les conflits mortels dans le roman féminin...110
2. Les morts individuelles...115
3. La mort et la métaphysique..122
Conclusion..124
Références bibliographiques..125

La mort comme victoire : analyse de *Gouverneurs de la rosée* de Jacques Roumain et *Le jeune homme de sable* de Williams Sassine
Joseph NGANGOP **126**
1-L'omniprésence de la mort..126
2-La lutte contre la mort..129
3-La mort comme victoire...131
Références bibliographiques..136

Oui, je veux morebooks!

I want morebooks!

Buy your books fast and straightforward online - at one of the world's fastest growing online book stores! Environmentally sound due to Print-on-Demand technologies.

Buy your books online at
www.get-morebooks.com

Achetez vos livres en ligne, vite et bien, sur l'une des librairies en ligne les plus performantes au monde!
En protégeant nos ressources et notre environnement grâce à l'impression à la demande.

La librairie en ligne pour acheter plus vite
www.morebooks.fr

OmniScriptum Marketing DEU GmbH
Heinrich-Böcking-Str. 6-8
D - 66121 Saarbrücken
Telefax: +49 681 93 81 567-9

info@omniscriptum.com
www.omniscriptum.com

www.ingramcontent.com/pod-product-compliance
Lightning Source LLC
Chambersburg PA
CBHW031712230426
43668CB00006B/189